THE CAMBRIDGE CONTACT READERS

General Editors: E. K. BENNETT, M.A., and G. F. TIMPSON, M.A.

Series I

MEDIEVAL EPICS

DIETRICH VON BERN
AND
TANNHÄUSER

THE STORIES TOLD BY
PROFESSOR AND FRAU DR W. FRÖHLICH
(HAMBURG)

WITH EIGHT ILLUSTRATIONS
BY M. D. SWALES

T0381914

CAMBRIDGE
AT THE UNIVERSITY PRESS
1936

CAMBRIDGE
UNIVERSITY PRESS

University Printing House, Cambridge CB2 8BS, United Kingdom

Cambridge University Press is part of the University of Cambridge.

It furthers the University's mission by disseminating knowledge in the pursuit of education, learning and research at the highest international levels of excellence.

www.cambridge.org
Information on this title: www.cambridge.org/9781107494510

First published 1936
Re-issued 2015

A catalogue record for this publication is available from the British Library

ISBN 978-1-107-49451-0 Paperback

INTRODUCTION

Dietrich von Bern is the greatest hero of German saga. He is even credited with defeating Siegfried, the hero of the Nibelungenlied, and he aids Etzel in the final overthrow of the Nibelungen. This is an extraordinary instance of the way in which the minstrels seized on a great historical character, and wove around him stories of their own invention until no trace of the original facts remained. For Dietrich von Bern (i.e. Verona in Lombardy) was Theodoric the Goth, who saved Europe from Attila the Hun (Etzel) at the great battle called Chalons, where his allies were the very "Nibelungen", or Franks of the lower Rhine, whom he helps Etzel to destroy in both the sagas. Theodoric later wrested Italy from the grasp of the usurper Odoacer, whom he finally defeated at the battle of Ravenna, and he ruled over Italy for thirty-three years with conspicuous wisdom. His favourite residence was at Verona, where the great amphitheatre called "Dietrichs Haus" remained after his death as a symbol of his power.

The oldest manuscript, which contains only the final incident of the contest between Hildebrand and Hadubrand, was found in a library in Cassel written on the cover of another manuscript of the eighth or ninth century.

The Dietrich saga stands in sharp contrast to the Nibelungen and Gudrun Lieder, in that women hardly play a part. It is essentially a story of men of action, and a certain sombre loneliness broods over the whole. Dietrich emerges as a brave but sad figure, distinguished by his fortitude in distress and his faithfulness to his friends.

The story of Tannhäuser belongs to the days of chivalry. It had its origin in an old Germanic myth, transformed by Christian writers into an allegory, and finally connected with the actual life of the knightly minstrel Tannhäuser, who lived from 1237 to 1270, and whose dissolute life ended in poverty. In it appear two of the favourite characters of German mythology, the magician Klingsor the tempter, and "der getreue Eckhard" the warner. The story is narrated in a folk-song which was widely popular.

G. F. TIMPSON

WYCLIFFE COLLEGE,
STONEHOUSE, GLOS.
24 *September* 1935

Dietrich von Bern

König Dietmar, der jüngste von drei Brüdern aus dem Geschlechte der Amelungen, wurde nach dem Tode seines Vaters König von Bern. Sein ältester Sohn **Dietrich** war schon als Knabe sehr kräftig. Der tapferste Held, **Hildebrand der Wölfing**, wurde auf Dietmars Wunsch sein Waffenmeister. Er war an den Hof zu Bern gekommen, als Dietrich kaum fünf Jahre alt war. Er lehrte den Knaben alle ritterlichen Künste, und mit zwölf Jahren war Dietrich schon so stark und tapfer, daß sein Vater ihn zum Ritter schlug. —

Schwert Nagelring

Schon früh erwachte in dem jungen Helden der Wunsch, in schweren Kämpfen seine Kraft zu zeigen. Einst zog er mit Hildebrand aus, um zu jagen. Als er einen Hirsch verfolgte, lief ihm plötzlich ein Zwerg quer über den Weg. Er fing ihn mit raschem Griff und setzte ihn vor sich auf das Pferd. Voll Angst rief der Zwerg: „O, lieber Herr, töte mich nicht! Ich will Dir einen Schatz an Gold, Silber und Edelsteinen zeigen, der ist viel größer als alle Schätze, welche Dein Vater besitzt. Er gehört dem Riesen **Grimm** und seinem Weibe **Hilde**. Beide sind so stark, daß Du sie nur mit dem Schwerte **Nagelring** besiegen kannst, welches der Riese besitzt." Da lachte Dietrich und sprach: „So bring mir noch heute den Nagelring und zeige mir den Weg zu den Riesen!" **Alberich** versprach es ihm, und Dietrich ließ ihn frei.

Dann jagten Dietrich und Hildebrand weiter. Bei Sonnenuntergang stand plötzlich Alberich mit dem Schwert Nagelring vor ihnen. „Ich stahl es," sagte er, „als die Riesen in der Hitze des Mittags schliefen. Dort ist ihre Höhle." Damit verschwand der Zwerg vor ihren Blicken.

Die beiden Recken gingen zu dem Felsen und fanden bald den Eingang der Höhle. Sie schnallten Helm und Panzer fest, nahmen den Schild vor sich und gingen kühn hinein. Zornig erhob sich der Riese von seinem Lager und wollte nach seinem Schwert greifen. Als er es nicht fand, ergriff er einen Baumstamm und schlug mit ihm so heftig auf Dietrich los, daß der seinen Schlägen kaum ausweichen

konnte. Hildebrand wollte ſeinem Herrn zu Hilfe eilen,
doch plötzlich umfaßte die Rieſin von hinten ſeinen Hals ſo
feſt mit ihren Fäuſten, daß ihm der Atem ausging. Da rief
er in ſeiner Angſt Dietrich zu Hilfe.

Der hieb nun in ſeiner Wut ganz gewaltig auf den
Rieſen los, und mit dem guten Schwerte Nagelring ſchlug
er ihm das Haupt ab. Raſch kam er nun ſeinem Freund zu
Hilfe. Faſt hätte ihn die grimme Hilde erwürgt. Mit
einem furchtbaren Streich ſeines Schwertes hieb er ſie
mitten durch. Hildebrand aber dankte froh ſeinem Retter.
Dann nahmen ſie von den Schätzen der Rieſen ſo viel mit,
wie ſie tragen konnten. Am wertvollſten war ihnen der
Helm des Rieſen. Er war ſo feſt, wie ſie noch keinen gefunden hatten. Nach den beiden Rieſen nannten ſie ihn
Hildegrimm. Dietrich trug ihn von nun an in allen ſeinen
Kämpfen. — Die Kunde von ſeinen Heldentaten breitete
ſich aber aus in allen Landen.

Dietrichs Geſellen

Heime

Dietrichs Ruhm weckte in manchem tapferen Recken den
Wunſch, in ſeine Dienſte zu treten. Der Berner nahm aber
keinen an, der es nicht wagte, mit ihm zu kämpfen. Der
erſte, welcher Dietrichs Geſelle werden wollte, war **Heime**,
der Sohn eines berühmten Pferdezüchters. Der ſprach zu
ſeinem Sohn: „Laß Dich nicht darauf ein, mit dem Berner
zu kämpfen; denn Du biſt viel ſchwächer als er." — Doch
Heime ließ ſich nicht abhalten. Er ſattelte das beſte Pferd
aus ſeines Vaters Stall, nahm ſeine Waffen und ritt davon.

Als er nach langem Umherfahren endlich nach Bern kam, ritt er sogleich vor das Tor der Burg und bat, daß man ihn vor den König führe. Er verneigte sich vor ihm, schritt dann auf Dietrich zu und sprach: „Herr Dietrich, ich komme von weither geritten, um mit Dir zu streiten; denn ich hörte, Du seist der tapferste Held. Ich fordere Dich zum Zweikampf. Wer siegt, der kann die Waffen des andern als Beute behalten." —

Zornig sprang Dietrich auf. Niemand hatte bisher gewagt, ihn zum Zweikampf zu fordern. Er ließ sich seine Waffen bringen, setzte den Helm Hildegrimm auf und ritt mit dem fremden Kriegsmann vor die Stadt. Mit großer Wucht stürmten sie aufeinander los, doch beide Kämpfer blieben fest im Sattel sitzen. Der dritte Angriff war aber so gewaltig, daß ihnen beiden die Speere zerbrachen. Da sprangen sie von den Pferden und kämpften mit den Schwertern. Auch jetzt schien es, als ob keiner den andern besiegen könnte. Da packte Heime sein Schwert mit beiden Fäusten und führte einen ganz gewaltigen Streich nach Dietrichs Haupt. Aber an dem guten Helm Hildegrimm brach Heimes Schwert in Stücke. Ohne Waffe stand nun Heime vor Dietrich. Der aber reichte dem wackeren Streiter die Hand und nahm ihn unter seine Gesellen auf.

Wittig

Hoch oben im Norden lebte auf einer Felseninsel **Wieland, der Schmied**, der wegen seiner großen Kunst weit und breit berühmt war. Er hatte einen Sohn, **Wittig**, der zu einem starken Jüngling heranwuchs. Aber er hatte keine Lust, Schmied zu werden wie sein Vater. Er wollte

in die Welt hinausziehen und Abenteuer bestehen. Ja, er
wollte seine Kräfte mit Dietrich von Bern messen; denn
fahrende Sänger hatten ihn als den stärksten Helden ge=
priesen.

Als sein Vater das hörte, warnte er ihn vor Dietrichs
Stärke. Doch Wittig sprach: „Nimmer werde ich froh, wenn
ich nicht nach Bern reiten kann."

Da sah Wieland, daß er seinen Sohn nicht zurückhalten
konnte. Er schenkte ihm eine neue Rüstung, die er selbst
geschmiedet hatte; dazu noch sein Meisterwerk, das **Schwert
Mimung**. Dem kam kein Schwert an Schärfe gleich.
— Freudig ritt nun der junge Wittig davon. Da gelangte
er einst an einen breiten Strom. Er fand keine Brücke und
auch kein Boot, das ihn an das andere Ufer hätte bringen
können. — Da zog er sein Gewand aus und ging in das
Wasser hinein, um zu sehen, wie tief es sei. Dabei hatten
ihn drei Recken beobachtet, die an dem gleichen Ufer geritten
kamen. Sie verspotteten ihn wegen seines Tuns, aber als
er an das Ufer zurückkehrte, seine Rüstung anlegte und in
all seiner Kraft auf sie zukam, da ließen sie vom Spotten ab.

Als sie nun zusammen weiterritten, erzählte ihnen Wittig,
daß er nach Bern zu dem großen König Dietrich wolle. Da
sagten die andern: „Wir sind seine Gesellen." — Der eine
war Hildebrand, der andere Heime und der dritte der tap=
fere **Hornbogen**. Erfreut rief Wittig aus: „Da darf ich
wohl mit Euch ziehen; denn ich will Euren König zum
Zweikampf fordern. Es soll ihn ja noch nie ein Held besiegt
haben, aber ich hoffe, daß ich es kann; denn mein Vater
Wieland schmiedete mir meine Waffen, und es gibt kein
besseres Schwert als meinen Mimung."

Bald suchten die Recken ihr Nachtlager auf. Aber Meister Hildebrand fand keine Ruhe. Wie konnte er seinen lieben Herrn vor dem schrecklichen Mimung schützen? — Da kam ihm ein Gedanke. Er schlich sich leise an Wittigs Lager, und nahm sein Schwert zur Hand. Beim Scheine des Mondes erkannte er, daß die Klinge genau so aussah wie seine eigene; nur die Griffe waren verschieden. Rasch schraubte er diese ab und vertauschte sie.

Am nächsten Morgen ritten sie weiter. Wittig aber merkte nicht, daß die Schwerter vertauscht waren. Sie ritten, bis sie an die Weser kamen. Da war eine Brücke gewesen, aber Räuber, die am andern Ufer lagen, hatten sie zerstört, damit die Helden sie nicht verfolgen könnten. Als Wittig sie sah, gab er seinem Roß die Sporen, setzte über den Strom und stürmte auf die fünf Räuber los. Heime aber, den sein Roß ebenso schnell durch den Strom trug, eilte dem Gesellen nicht zu Hilfe. Erst Hildebrand und Hornbogen, welche später das andere Ufer erreichten, halfen ihm, die Räuber zu erschlagen.

Nach dieser Heldentat ritten sie fröhlich weiter; nur Heime blickte finster drein; denn er fürchtete, Dietrich könne in Wittig einen Gesellen finden, der noch stärker wäre als er. — Viele Tage noch ritten die Recken durch die Lande, bis sie endlich in Bern ankamen. Freudig begrüßte Dietrich seine Gesellen. Allen reichte er die Hand; dem Fremdling Wittig aber nicht. „Was willst Du?" fragte ihn Dietrich. Da sprach Wittig: „Aus ferner Heimat zog ich nach Bern; denn ich hörte, Du seist der größte Held. Das wollte ich erproben. Darum fordere ich Dich zum Zweikampf."

Dietrich glaubte, nicht recht zu hören. Zornig sprach er:

„Ist es bei Euch Sitte, daß ein hergelaufener Fremdling den Königssohn zum Kampfe fordern darf?" — Er befahl seinen Mannen, daß sie den Fremdling zur Strafe für seine Kühnheit am Galgen aufhängen sollten.

Da sprach Hildebrand: „Herr, Du weißt nicht, mit wem Du redest; es ist Wittig, Wielands Sohn. Ich sah ihn tapfer kämpfen. Du brauchst Dich seiner nicht zu schämen." — „Wohlan," sprach Dietrich, „ich will mit ihm kämpfen. Wenn ich ihn aber besiege, so lasse ich ihn doch aufhängen."

Umgeben von vielen Zuschauern, standen sich die beiden Streiter bald gegenüber. Erst stürmten sie mit den Speeren aufeinander los. Keiner wich zurück, aber ihre Waffen zersplitterten. Nun sprangen sie beide vom Pferde, und der Schwertkampf begann. Kühn stritt Wittig. Selbst der finstere Heime sah, daß Dietrich ihn nicht besiegen konnte. Endlich wollte Wittig mit einem gewaltigen Schlage Dietrichs Helm spalten. Aber der Helm Hildegrimm war zu fest; das Schwert zersprang. — Zornig rief der Recke: „Das ist nicht Mimung! Mein Vater hat mich betrogen!" — Nun hob Dietrich sein Schwert, um Wittig zu töten.

Da sprang Hildebrand zwischen die beiden und rief: „Herr, schone ihn und mach ihn zu Deinem Gesellen! Er hat es verdient." — Doch Dietrich wollte nichts davon hören, sondern wollte Wittig aufhängen lassen. — Da tat es Hildebrand leid, daß er dem Recken sein gutes Schwert fortgenommen hatte. Er gab es Wittig mit den Worten zurück: „Deinen Mimung habe ich heimlich vertauscht. Hier nimm ihn und wehre Dich tapfer!"

Mit neuer Gewalt begann jetzt der Kampf. Aber nun wandte sich das Glück. Mimung brachte dem König so viele

Wunden bei, daß er stark blutete. Er wehrte sich aber
trotzdem tapfer weiter. Zuletzt schnitt ihm Wittig mit einem
furchtbaren Hieb den Helm Hildegrimm mitten durch. —
Da sprang Hildebrand zwischen die Kämpfer und rief:
„Laß ab vom Streite! Mimung allein gibt Dir den Sieg,
nicht Deine Körperkraft. Du bist aber so tapfer gewesen,
daß ich Dich frage, ob Du unser Geselle sein willst. Denn
nach unserm König bist du der stärkste von allen
Helden."

Da trat Wittig auf Dietrich zu und sprach: „Es ist nicht
Deine Schuld, daß meine Waffen fester sind als die Deinen.
Wenn es Dir recht ist, so will ich als Dein Geselle immer bei
Dir bleiben." — Versöhnt reichten sich nun die beiden die
Hand und ritten in die Stadt zurück.

Als Dietrichs Wunden geheilt waren, gab er den Genossen zu Ehren ein Festmahl. Wittig und Heime saßen
links und rechts von dem König. Es war ein sehr fröhliches
Fest. Man sang das Lob des starken und doch so gütigen
Fürsten und schwur ihm ewige Treue.

Da erhob sich mitten in der lauten Fröhlichkeit ein Greis,
der bei den Spielleuten gesessen hatte. Er sang zu seiner
Harfe ein sehr trauriges Lied von den Felsen, die ins
Wanken kommen könnten, und von der Treue, die von den
Menschen gebrochen würde. „Verlaß Dich nicht darauf,
wenn Deine Freunde Dir ewige Treue schwören!" — Mit
diesen Worten schloß der Sänger sein Lied und schritt aus
dem Saale. Man wußte nicht, woher er kam, auch nicht,
wohin er ging. Konnte er in die Zukunft sehen, und wollte
er den König warnen?

*   *   *   *   *

Dietrich bestand dann noch mit seinen Freunden eine große Anzahl von Heldentaten und Abenteuern.

Einst besiegte er einen jungen Riesen, der durchaus mit ihm kämpfen wollte. In der Nacht, nur bei dem Scheine der Waffen, besiegte ihn Dietrich, und sein Feind verlor das Leben.

Fast noch gefährlicher als dieser Kampf mit dem Riesen war seine Fahrt in das Reich der Zwerge. Der Zwergen= könig **Laurin** hatte einem Gesellen Dietrichs die Schwester geraubt. Dafür wollte Dietrich ihn bestrafen. Aber durch seine Zauberkünste brachte Laurin die Helden in die größte Gefahr. Schließlich bezwangen sie ihn aber doch, und Laurin schloß Freundschaft mit den kühnen Recken.

Auch nach Worms kam Dietrich mit seinen Gesellen. **Kriemhild** hatte ihn zum Kampfe mit **Siegfried** aufge= fordert; denn sie hielt diesen für unbezwinglich. Aber sie wurde schwer enttäuscht; denn Dietrich besiegte ihren Ge= liebten, und nur ihren Bitten verdankte er sein Leben.

Dietrich, der getreue Bundesgenosse

1. Heerfahrt zu Etzel

Dietrich war noch nicht lange von Worms zurück, da kam **Rüdiger von Bechelaren** nach Bern und bat seinen Freund, dem **Hunnenkönig Etzel** zu Hilfe zu kommen. Er sprach: „Dietrich, jetzt mußt Du Dein Versprechen halten, das Du Etzel gabst, und mußt ihm Deinen Beistand leisten. **Osan= trix**, der König der Wilkinen, zieht nämlich mit einem großen Heer in das Land der Hunnen." —

Dietrich war sogleich bereit, dem Rufe zu folgen. Schnell ließ er ein Heer rüsten. Er kam gerade in dem Lande der Hunnen an, als Etzel sein Heer versammelt hatte. Nun zogen sie zusammen den Russen entgegen. Auf einer weiten Heide trafen sie sich. Es begann eine furchtbare Schlacht.

Gleich zu Beginn des Kampfes war Wittig von dem Schlag eines russischen Recken bewußtlos zu Boden gefallen. Seine Freunde eilten voran über ihn hinweg. Heime aber, der den am Boden Liegenden erkannte und für tot hielt, nahm ihm rasch das Schwert Mimung fort. Er hatte Wittig zu oft um dieses herrliche Schwert beneidet.

Den ganzen Tag tobte der Kampf hin und her. Am Abend endlich hatten Etzel und seine Genossen die Russen geschlagen. Wie traurig war aber Dietrich, als er seinen treuen Gesellen Wittig vermißte!

Den hatten einige Russen gefunden. Sie hatten bemerkt, daß noch Leben in ihm war, hatten ihn schnell gefesselt und als Gefangenen nach der Burg des Osantrix gebracht. Dort warf man ihn in einen tiefen Keller.

Gar traurig kehrte Dietrich mit den Hunnen an Etzels Hof zurück. Einer seiner Recken, namens **Wildeber**, bat ihn aber, nach seinem lieben Gesellen Wittig suchen zu dürfen; denn man habe seinen Leichnam nicht auf dem Schlachtfelde gefunden. Gern gab Dietrich ihm seine Erlaubnis.

Da rief **Isung**: „Laß mich mit Dir ziehen! Als Spielmann und Sänger habe ich überall freien Eintritt. Sicher kann ich Dir von Nutzen sein." — So zogen die beiden zusammen aus. Als sie in das Land der Wilkinen kamen, holte Wildeber das Fell eines großen Bären hervor, den er kurz vorher erlegt hatte. Dieses Fell zog er über seinen Panzer. Isung nähte es ihm zu und zog dann mit ihm als seinem Tanzbären an den Hof des Osantrix. Dort nahm man ihn freundlich auf, und Isung unterhielt die ganze Gesellschaft mit seinen Liedern und mit den Kunststücken des Bären.

Plötzlich befahl der König, daß man seine zwölf Hunde in den Saal hole, damit man sehe, ob der Bär auch stark sei. Isung erschrak sehr, als er dies hörte; denn er fürchtete für das Leben seines Freundes. Er versuchte alles, den König umzustimmen, doch es gelang ihm nicht. Als die Hunde hereinkamen, hatte Wildeber sie jedoch bald alle getötet. Zornig erhob da Osantrix sein Schwert und hieb auf den Bären ein. Er hatte zwar das Fell zerschnitten, die Waffe war aber an Wildebers Rüstung abgeglitten. Der Recke zog nun rasch sein Schwert aus der Scheide und schlug den König zu Boden, dann sprang er unter die Mannen und, ehe diese sich besinnen konnten, tötete er noch mehrere von ihnen.

Da liefen die Leute entsetzt auseinander. Wildeber aber schlüpfte aus dem Bärenfell heraus und begann, mit Isung das Schloß zu durchsuchen. Endlich fanden sie Wittig in einem Turm. — „Nun so schnell als möglich fort, ehe sich die Wilkinen besinnen!" — so rief Isung und lief nach den Pferdeställen. Rasch schwangen sie sich auf drei gut aussehende Rosse, jagten in vollem Galopp davon und rasteten nicht eher, als bis sie an dem Hof von König Etzel anlangten.

Dietrich und seine Freunde begrüßten sie mit lautem Jubel. Doch sah Wittig gar nicht froh aus. Da fragte ihn

Dietrich: „Was bekümmert Dich?" — Der Held antwor=
tete: „Mein Mimung fehlt mir. Es gibt kein besseres
Schwert, und ich weiß nicht, wer es jetzt besitzt." — Da
sprach Hildebrand: „Ich sah in Heimes Hand ein Schwert,
das genau so aussah wie Dein Mimung." — Alle blickten
auf Heime. Der sprach trotzig: „Ich trage den Mimung mit
Recht. Auf dem Schlachtfeld fand ich ihn. Wittig lag wie
ein Toter daneben. Da nahm ich das Schwert." —

2. Dietrichs Heerfahrt gegen Rimstein

Das Gespräch wurde unterbrochen durch die Ankunft von
zwei Boten. Dietrichs Oheim, der **Kaiser Ermenrich**,
hatte sie geschickt mit der Bitte, der Berner möge ihm helfen
gegen den **Grafen Rimstein**, einen aufsässig gewordenen
Lehnsmann.

Dietrich versprach, dem Kaiser sofort zu Hilfe zu kommen.
Wittig aber sagte: „Ich komme nur mit, wenn Heime mir
meinen Mimung zurückgibt." — Da forderte der Berner den
finsteren Heime auf, das Schwert zurückzugeben. Der tat es
widerwillig.

Nun zog Dietrich mit seinen Mannen über die Alpen und
den Rhein abwärts bis vor die Feste des treulosen Grafen
Rimstein. Die Burg war zu hoch und zu fest. Im Sturme
konnte Dietrich sie daher nicht nehmen. Man begann
deshalb sie zu belagern. Eines Abends schlich Wittig sich
heimlich bis an die Mauern der Burg heran. Unbemerkt
gelangte er bis nahe an das Tor. Da hörte er Waffen
klirren. Schnell versteckte er sich hinter einem Busch. Das
Tor wurde geöffnet, und Graf Rimstein ritt mit einigen
seiner Mannen heraus, um nach den Feinden auszublicken.

Wittig entschloß sich, die Ritter anzugreifen. Ein furcht=
barer Schlag des Mimung tötete den Grafen. Dann er=
schlug er noch zwei andere Recken; die übrigen ritten voll
Entsetzen in die Burg zurück.

Staunend hörte Dietrich die Kunde vom Tode des
Grafen, und alle priesen Wittigs kühne Tat. Nur Heime

sprach spöttisch: „Ist es denn eine so große Heldentat,
einen alten Mann zu erschlagen? Gib mir den Mimung
wieder! Dann sollst Du sehen, was für Taten ich mit ihm
fertig bringe." Da rief Wittig voll Zorn: „Jetzt ist es
genug! Meinen Mimung wolltest Du mir rauben. Jetzt
bist Du neidisch, daß ich den Grafen bezwang. Wir können

nicht mehr Gesellen sein. Du hast zu treulos an mir ge=
handelt." —

Heime konnte kein Wort dagegen sagen. Da wies Diet=
rich ihn fort aus dem Kreise seiner Genossen. — Heime
ging schweigend zu seinem Roß und ritt davon.

Nach dem Tode des Grafen Rimstein ergab sich die
Festung sofort. Kaiser Ermenrich dankte seinem Neffen
Dietrich für seine Dienste. Den tapferen Wittig wollte er
noch besonders belohnen. Er versprach, ihn mit seiner
Nichte zu vermählen und ihm viele reiche Länder als Lehen
zu geben. Dietrich ließ den kühnen Helden nur ungern
fortziehen. Der aber gelobte ihm, auch in der Fremde ihm
treu zu bleiben.

Später zog Ermenrich auch Heime in seine Dienste. Er
schenkte ihm viel Gold und viele Länder und fesselte ihn
dadurch dauernd an sich.

Dietrich aber, der nun wieder in seiner Burg zu Bern
lebte, erfuhr bald, daß er seine einst so treuen Mannen für
immer verloren hatte.

Ermenrichs ungetreuer Ratgeber

Viele Jahre lebte Dietrich in seiner Burg in Bern und
sorgte gut für sein Land. Da erfuhr er, daß sich in der
Familie seines Oheims Ermenrich Schreckliches ereignet
hatte. Seine eigenen Söhne hatte der Kaiser als Verräter
angesehen und hatte sie töten lassen. Gegen seine jungen
Neffen hatte er Krieg geführt und hatte sie dann aufhängen
lassen. Dietrich hörte, daß Ermenrich alles tat, was ihm
ein listiger und böser Ratgeber, namens **Sibich**, aus Rach=

sucht riet. Der Kaiser hatte ihn früher einmal beleidigt.
Das konnte Sibich ihm nicht vergessen. Nun wollte er alle
Menschen aus der Welt schaffen, die dem Kaiser nahe
standen. Jetzt waren von seinem Geschlecht nur noch Diet=
rich und sein kleiner Bruder Dieter am Leben. Nun sollte
die Reihe auch an sie kommen.

Auf den Rat des falschen Gesellen ließ Ermenrich nun
von dem Berner einen Zins einfordern. Da Dietrich aber
als ein freier König über sein Land herrschte, weigerte er
sich mit Recht, dem Kaiser den Zins zu zahlen. So glaubte
Ermenrich, einen Grund zu haben, auch gegen diesen Neffen
Krieg zu führen.

Das hörten Heime und Wittig, die dem Ermenrich in=
zwischen den Treueid geleistet hatten. — „Gott schütze
König Dietrich!" sprach Heime, „Dir aber, Kaiser Ermen=
rich, wird es Schande bringen, daß Du so gegen Deine
eigenen Verwandten wütest!"

Wittig aber bestieg sein schnelles Roß und ritt davon, Tag
und Nacht, bis er in das Land der Amelungen kam. Um
Mitternacht langte er in Bern an. — „Ich bin Wittig!" rief
er den Wächtern zu, „laßt mich ein! Ich bringe König Diet=
rich eine schlimme Kunde." — Da ließen sie die Brücke
nieder, und Wittig ritt in die Burg. Dem Berner hatte man
seine Ankunft gemeldet. Er erhob sich schnell von seinem
Lager, ging Wittig entgegen und fragte: „Was führt Dich
mitten in der Nacht zu mir?" „Eine böse Kunde muß ich
Dir melden, o König Dietrich! Kaiser Ermenrich zieht gegen
Dich mit achtzigtausend Mann. Er ist nicht mehr weit von
hier und will Dich heimlich überfallen. Ich kann aber nicht
an Deiner Seite kämpfen; denn ich stehe jetzt im Dienste

des Kaisers und muß ihm meinen Eid halten." Noch ehe
Dietrich etwas erwidern konnte, schwang Wittig sich wieder
auf sein Roß und ritt davon.

Alpharts Tod

Dietrich forderte nun seine Getreuen auf, in die Königs=
halle zu kommen. Er meldete ihnen die Botschaft, die
Wittig ihm gebracht hatte. Da riefen alle: „Wir fürchten
nicht die Überzahl!" — **Alphart**, Hildebrands Neffe, der
jüngste von allen, aber sprach: „Sendet mich auf die Wacht
gegen den Feind! Ich will Euch treue Botschaft bringen."
— Dietrich und Hildebrand warnten ihn, doch er ließ sich
nicht zurückhalten. Er schwang sich auf sein Roß und ritt
über die Brücke. Die Ritter und die Frauen sahen ihm von
den Zinnen der Burg noch lange nach.

Hildebrand aber sprach: „Gebt mir ein fremdes Streit=
gewand, damit man mich nicht erkennen kann. Ich will ihm
nachreiten und ihn zurückbringen." So ritt er in fremder
Rüstung dem jungen Recken nach.

Alphart ritt ganz ruhig seines Weges. Da umritt ihn
Hildebrand und kam ihm dann entgegen. Alphart erkannte
ihn nicht in der andern Rüstung. Er dachte, ein Ritter des
Ermenrich käme daher. Er rannte Hildebrand so wütend
an, daß dessen Speer zerbrach. Nun sprangen sie von den
Rossen und zogen die Schwerter. Alphart gab dem Alten
einen Schlag, daß er zu Boden fiel. Da gab Hildebrand
sich seinem Neffen zu erkennen und bat ihn, mit nach Bern
zurückzukommen. — „Das kann nicht sein," entgegnete ihm
Alphart, „denn ich muß auf die Feldwacht gehen."

„Nun wohl, so behüte Dich Gott!" sprach Hildebrand. „Ich will in Bern sagen, daß sie sich nicht um Dich sorgen sollen; denn Du habest mich im Zweikampf besiegt."

Da ritt Alphart weiter. Nach kurzer Zeit kam ihm ein Ritter des Ermenrich mit achtzig Mann entgegen. Mit gewaltiger Wucht rannten die beiden Helden gegeneinander. Alpharts Speer drang dem Ritter durch die Brust, und er fiel tot zu Boden. Voll Wut wollten sich nun die achtzig Mann auf Alphart stürzen. Da rief ein alter Degen: „Das wäre eine große Schande, wenn wir alle gegen den einen kämpfen würden. Mann für Mann wollen wir mit ihm streiten."

Nun schlossen sie einen Ring um ihn. Alphart schlug jeden nieder, der gegen ihn anlief. Die letzten aber fürch= teten sich und rannten voller Angst auf und davon. — Als Kaiser Ermenrich hörte, daß ein einziger Recke Dietrichs ihm so viele Mannen getötet hatte, verlangte er, daß Wittig, sein stärkster Geselle, dem jungen Helden entgegenreiten solle.

Nur ungern gehorchte Wittig diesem Befehl. Als er ins freie Feld kam, wurde ihm sehr schwer ums Herz. Er dachte an Dietrich, der immer gut gegen ihn gewesen war. Gern wäre er umgekehrt, doch das ging nicht an.

Auch Heime hatte sich aufgemacht und war Wittig nach= geritten. Er sah, wie dieser mit Alphart zusammentraf, und wie sein bis jetzt noch nie besiegter Geselle von dem Jüng= ling zu Boden geworfen wurde. — Da ritt Heime heran und sprach zu Alphart: „Laß uns Frieden halten! Du hast genug gekämpft. Wir reiten heim zu Ermenrich und melden ihm, wir hätten Dich nicht gefunden. Du aber reitest nach Bern zurück." — „Glaubst Du, Heime," erwiderte ihm der

Jüngling, „ich werde so ehrlos handeln, wie Ihr dies tatet? Ich habe hier die Wacht zu halten. Wittig bleibt mir zum Pfande, wenn Du mich nicht besiegst." — Da schlugen Wittig und Heime beide auf Alphart los. Der rief: „Ist das ritterlich, daß Ihr z w e i gegen e i n e n kämpft? So versprecht mir wenigstens, daß Ihr mir nicht in den Rücken fallen

wollt." — Er kämpfte aber so heldenhaft, daß Wittig fürchtete, Alphart würde sie alle beide besiegen. Da schlug er feige von hinten auf ihn ein, und mit dem Ausruf:

„‚Pfui, ihr zagen Bösen, ihr ehrelosen Männer‘,
    fällt der junge Degen in die Blumen rot. —
    Da hat das Buch ein Ende und heißet Alpharts Tod."

Dietrichs Flucht

In Bern warteten die Helden vergebens auf Alpharts
Rückkehr. Am andern Morgen ritt Hildebrand mit seinen
Recken hinaus und fand den Jüngling mitten unter den
Leichen der vielen Mannen, die er erschlug. Hildebrand
aber sprach: „Hier ist ein arger Mord geschehen. An den
Wunden ist es zu sehen, daß man den Jüngling von vorn
und von hinten zugleich angegriffen hat. Schnell auf zur
Rache!"

Sofort zog Dietrich nun dem Heere Ermenrichs entgegen.
Sie griffen zu so früher Stunde an, daß der Feind noch in
tiefem Schlummer lag. Außerdem hatte Hildebrand mit
einem Teil der Mannen das Lager umgangen und fiel dem
Feind in den Rücken. Ehe noch die Schlafenden zu den
Waffen greifen konnten, waren die Amelungen schon in
ihrem Lager. Ein wilder Kampf begann. Ermenrichs
Truppen flohen, und er selbst wäre fast in Gefangenschaft
geraten.

Ermenrich war nun zwar geschlagen. Aber er warb neue
Truppen und hatte bald ein größeres Heer beisammen als
zuvor. — Dietrich aber sah mit Sorge auf sein kleines Heer,
denn er hatte kein Geld, um Mannen anzuwerben. Da
sprach der Herzog **Bertram** zu ihm: „Herr, in meiner Burg
habe ich einen reichen Schatz von Gold. Gebt mir zwölf
Ritter zum Geleit, so will ich ihn herbeischaffen." — Diet=
rich dankte ihm freudig. Sogleich machte sich Bertram mit
Hildebrand und elf anderen Recken auf den Weg.

Ermenrich aber hatte von diesem Unternehmen gehört.
Er sandte fünfhundert Mannen aus, um Dietrichs Ge=

treuen mit dem Schatz zu fangen. Das glückte ihnen denn auch. Nur einer der Recken entkam und brachte Dietrich die traurige Kunde. — Der mußte nun an Ermenrichs Hof reiten, um die Gefangenen zu lösen. Da sprach der Kaiser: „Es gibt nur ein Mittel, sie zu befreien: Dietrich übergibt mir seine Krone und sein Reich und verläßt mit seinen Gesellen das Land der Amelungen. Wenn er das nicht will, so lasse ich seine Mannen hängen."

Als Dietrich dies hörte, da rief er voll Zorn: „Nun sehe ich, daß mein Oheim mich verderben will! Denn wie könnte ich meine lieben Freunde im Stiche lassen?"

Er meldete also dem Kaiser, daß er sein Land verlassen würde. Da ließ Ermenrich die Gefangenen frei, und Dietrich verließ mit ihnen und seinen treuesten Mannen das Land. Seinen Bruder, den kleinen **Dieter**, nahm er auch mit sich. Es war ein trauriger Zug. Nach Norden ging ihre Fahrt über die Alpen und dann weiter, bis sie an die Donau kamen. Die Burg Bechelaren war ihr nächstes Ziel.

Als Markgraf Rüdiger die Recken erblickte, eilte er ihnen freudig entgegen. Wie erschrak er aber, als Dietrich zu ihm sprach: „Als Bettler komme ich zu Dir. Mein Oheim hat mich aus meinem Lande vertrieben." — Sehr ergriffen rief da Rüdiger aus: „Ihr seid nicht verlassen, mein König! Bleibt bei uns, so lange es Euch gefällt! Dann aber führe ich Euch zu König Etzel. Der schuldet Euch großen Dank. Er muß Euch helfen, daß Ihr das Land der Amelungen wieder gewinnt."

Eine Zeitlang blieb Dietrich in Bechelaren. Dann geleitete ihn Rüdiger an Etzels Hof. Der Hunnenkönig begrüßte ihn als seinen Freund und bat ihn, solange zu bleiben, wie es ihm gefalle.

Die Rabenschlacht

Lange Jahre schon weilte Dietrich im Lande der Hunnen. Er und seine Recken genossen dort viele Ehren, und doch war er nicht froh; denn er konnte sein verlorenes Reich nicht vergessen. Eines Tages fragte ihn die **Königin Helche** nach seinem Kummer, und als sie gehört hatte, was ihn bedrückte, da antwortete sie ihm: „Wir müssen Dir helfen. Du hast uns in den zwanzig Jahren, wo Du bei uns weilst, so oft treue Hilfe geleistet. Ich will selbst bei König Etzel für Dich bitten." — Der sah ein, daß er Dietrich endlich seine Dienste lohnen müsse, und er befahl, daß die Hunnen sich rüsteten zur Heerfahrt nach Bern. Das taten sie gern; denn sie liebten Dietrich alle.

Als die beiden jungen Söhne Etzels, **Scharf** und **Ort**, hörten, daß Dietrichs Bruder Dieter auch mitreiten solle, da gingen sie zu ihrer Mutter Helche und sprachen: „Liebe Mutter, laß uns doch bitte mitziehen!" Die Königin schlug ihnen ihre Bitte ab, und auch Etzel sprach: „Das kann nicht sein. Es könnte Euch gar zu leicht ein Leid geschehen." — Als aber Dietrich dazukam und sagte, er wolle die Jünglinge schützen, da gaben die Eltern schließlich ihre Einwilligung.

Als Dietrich sich Bern nahte, öffneten ihm die Einwohner freudig die Tore, und unter großem Jubel zog er in die Stadt ein. — Da kam ein Bote geritten; der meldete, daß Kaiser Ermenrich sich der Stadt mit einem gewaltig großen

Heere nähere. „Wohlan," sprach Dietrich, „morgen ziehen wir ihm entgegen. Wo aber sollen Etzels Söhne bleiben?" — Da sprach Markgraf Rüdiger: „Laß sie hier in Bern. Da kann ihnen kein Leid geschehen." — Der Rat gefiel Dietrich, und er ließ die Knaben in der Hut des treuen **Elsan**, der ihm viele Jahre gedient hatte. Auch sein junger Bruder Dieter mußte bei Elsan bleiben. Das gefiel den drei Jüng= lingen gar nicht, und traurig sahen sie am nächsten Morgen das Heer davonziehen.

Sicher führte Hildebrand die Scharen nach der Stadt Raben (Ravenna). Ermenrichs Heer lagerte auf der andern Seite des Flusses. Es war in sehr großer Übermacht. Aber Dietrichs Recken ließen sich nicht abschrecken. Zwanzig= tausend Mann von ihnen umritten in der Nacht den Feind, und am nächsten Morgen in aller Frühe griffen sie den Gegner von zwei Seiten zugleich an. Gar heiß entbrannte der Kampf, die Funken sprangen aus den Schwertern, manches Eisenhemd wurde zerhauen, und viele tapfere Helden hatten den Tod gefunden. Die Amelungen hätten des Kaisers Heer völlig vernichtet, wenn nicht am Abend ein dichter Nebel das Schlachtfeld bedeckt hätte. Da mußten sie den Kampf beenden.

Während das Heer vor Raben kämpfte, war den Jüng= lingen in Bern die Zeit lang geworden. Sie baten Elsan: „Laß uns doch vor die Stadt reiten. Wir kehren auch rechtzeitig zurück." — Der Alte wollte es nicht erlauben, doch als die jungen Recken immer weiter in ihn drangen und ihm versprachen, daß sie nicht weit reiten wollten, da gab er schließlich nach. Doch er wollte sie begleiten. Ehe er aber sein Roß gesattelt hatte, waren die drei schon auf ihren

Pferden aus der Stadt heraus. Im Nebel kamen sie auf
eine falsche Straße, und als Elsan ihnen nachritt, suchte er
sie vergebens. Da wurde ihm angst. „Sie sind dem Heere
nachgeritten", dachte er bei sich, und in großer Sorge ritt er
die Straße nach Raben dahin.

Die drei aber trabten immer weiter in den Abendnebel
hinein. Sie mußten die Nacht auf der Heide bleiben. — Am
nächsten Morgen sahen sie einen Recken dahergeritten
kommen. Dieter erkannte an dem Wappen, das er im
Schilde führte, den kühnen Wittig, der so treulos an seinem
Bruder gehandelt hatte. „Wenn ich das an ihm rächen
könnte!" sprach er zu den beiden Söhnen Etzels. — „Sind
wir nicht stark genug?" rief Scharf, „kommt, laßt uns mit
ihm streiten!"

Da sprangen sie auf ihre Rosse und ritten Wittig entgegen.
Dieter rief ihm zu: „Heute sollst Du Deine Untreue an
meinem Bruder mit dem Leben büßen!" — Vergebens bat
Wittig, sie möchten ablassen und umkehren, er wolle keine
Knaben töten. Diese Worte reizten die jungen Helden nur
noch mehr. In knabenhaftem Eifer ritt zunächst Scharf
gegen Wittig vor. Der suchte ihn zu schonen, doch als
Scharf ihn verwundet hatte, da ergrimmte er und tötete ihn
mit seinem Mimung. — Das gleiche Schicksal hatte Ort,
der den Bruder rächen wollte. — Voll wilder Rache lief
nun Dieter auf Wittig zu. Der weigerte sich zu kämpfen.
Aber Dieter hörte nicht. Mit aller Kraft schlug er auf
Wittig los. Als ihm der gewandte Jüngling vier Wunden
geschlagen hatte, da konnte Wittig nicht anders: er packte
den Mimung mit beiden Händen und schlug so stark auf
Dieter ein, daß ihm das Schwert in die Brust drang. Voll

Schmerz stand Wittig dann neben den Toten. „Nun muß ich ewig fliehen vor Dietrichs Zorn!" — mit diesen Worten gab er seinem Roß die Sporen und jagte fort, er wußte nicht wohin.

Als am andern Morgen die Schlacht von neuem beginnen sollte, kam Elsan in das Lager und rief Dietrich schon

von weitem kummervoll zu: „O Herr, ich habe die jungen Könige verloren! Sind sie bei Euch?" — Fast in dem gleichen Augenblick kam einer von Dietrichs Rittern in furchtbarer Eile daher geritten. Er zitterte so, daß er sich kaum auf dem Pferde halten konnte. „Was ist geschehen?" fragte Dietrich, „was für ein Unheil ist Dir begegnet?" —

„Die beiden jungen Könige und Euer Bruder Dieter liegen erschlagen auf der Heide!"

Voll Entsetzen starrte Dietrich den Boten eines solchen Unglücks an. Dann sprang er vom Roß und raste davon. Bald sah er mit eigenen Augen, was geschehen war. Er kniete nieder neben den Leichen. Dann küßte er jeden der Jünglinge auf den bleichen Mund. „Was soll ich nun beginnen? Wie kann ich je Frau Helche wieder in die Augen sehen? Wollte Gott, ich wäre tot!" Da sah er an den tiefen Wunden, daß Mimung sie geschlagen hatte. — „Dort reitet der Mörder über die Heide!" rief Rüdiger. — Auf sprang Dietrich. Er schwang sich auf sein Roß und flog über die Heide dahin. „Nun zeige, daß Du kein Feigling bist!" schrie er Wittig zu, „steig ab vom Roß und wage den Kampf mit mir!"

Wittig aber spornte sein Roß und jagte wie der Sturm= wind davon. Ihm graute vor dem Grimm des Berners. Er stieß seinem Roß die Weichen blutig, daß es immer schneller dahinflog. Aber auch Dietrich trieb seinen Hengst **Falke**, daß ihm das Blut aus den Nüstern sprang. Er kam dem Flüchtling ganz nahe. — Da hörte man das Brausen des Meeres. Wittig gab seinem Pferd die Sporen, und es sprang in die Wellen hinab. Da teilten sich die Wogen des Meeres, und Wittigs Ahnfrau **Wachilde**, eine Meermaid, nahm ihn in die Arme und trug ihn in ihr kristallenes Haus am Grunde des Meeres.

Auch Dietrich spornte sein Pferd zum Sprunge. Das Wasser schlug über ihm zusammen, aber er arbeitete sich wieder empor. Wie weit Dietrich nun auch umherblickte, Wittig blieb verschwunden. Da mußte er umkehren und hatte weder die Rache noch den Tod gefunden.

Als er zurückkam, saß er noch lange in tiefem Gram bei den Leichen. Dann sprach er zu Rüdiger: „Reitet zurück in das Land der Hunnen und bringt dem König und der Königin die traurige Kunde. Ich will aus dem Lande fliehen und meine schwere Schuld büßen." — Rüdiger aber sprach: „Ihr tragt keine Schuld an dem Tod der Königssöhne. Wie könnten wir Euch in diesem Augenblick verlassen? Wir müssen jetzt Ermenrich verfolgen und unsern Sieg aus= nutzen, sonst ist alles vergebens gewesen."

Doch Dietrich antwortete: „Ich versprach Königin Helche, ihr die Söhne wiederzubringen. Ich kann mein Wort nicht halten, darum kann ich Etzels Mannen nicht weiterführen. Ich mag auch nicht in Bern König sein, denn mein Leid ist gar zu groß." — Da sprach Rüdiger: „Dann kehrt mit uns heim in das Land der Hunnen. König Etzel wird Euch verzeihen, wenn wir ihm sagen, daß Ihr unschuldig seid an dem Tode seiner Söhne."

So zogen sie alle zurück in das Land der Hunnen. Diet= rich aber verbarg sich in einer Hütte. Er konnte nicht vor Etzel und Helche treten. Rüdiger mußte den beiden die fürchterliche Nachricht bringen. Die Eltern schrieen auf vor bitterem Weh. Sie glaubten, den Tod der Söhne nicht überleben zu können. Als Rüdiger ihnen dann in tiefem Mitleid lange und ausführlich von dem Unglück erzählte und auch von dem Tod des jungen Dieter sprach, da hatte die gütige Helche ein tiefes Erbarmen mit dem unglück= lichen Dietrich, und als Rüdiger ihn dann holte, reichten sie und Etzel ihm die Hand und sprachen: „Welches Leid uns auch geschehen ist, Dich trifft keine Schuld an dem Tod unserer Söhne."

Dietrichs Heimkehr und Ende

Viele Jahre blieb Dietrich bei König Etzel. Er konnte aber nicht mehr froh werden, und auch Helche konnte den Tod ihrer Söhne nicht überwinden. Der Kummer machte ihrem Leben bald ein Ende. Drei Jahre trauerte Etzel um sie. Da beschloß er, noch einmal zu freien, damit sein großes Reich wieder einen Erben bekomme.

Er heiratete Kriemhild, die Witwe Siegfrieds. Mit ihr kam großes Leid über die Hunnen. In dem Kampf gegen die Burgunden fielen alle Hunnenrecken, und auch Dietrich verlor alle seine Helden bis auf seinen alten Waffenmeister Hildebrand. — Da mochte Dietrich nicht länger an Etzels Hofe bleiben, und er fragte seinen treuen Gesellen, ob er mit ihm in die Heimat zurückkehren und versuchen wolle, sein Reich wiederzugewinnen.

Da war Hildebrand froh. Sie rüsteten sich gleich zur Fahrt und zogen über die Alpen nach dem Amelungen=lande. Sie kamen an eine Burg, die einem Freunde Hilde=brands gehörte. Er ging hinein und fragte, wie es im Lande aussehe. Da erfuhr er die gute Kunde: „Kaiser Ermenrich ist tot. In Bern gebietet Dein junger Sohn **Hadubrand**. Er hat Boten an König Dietrich gesendet und bittet ihn, zurückzukehren, denn nur ihm will er Bern übergeben." — Da holte Hildebrand schnell König Dietrich herbei, und die Freunde begrüßten sich in großer Freude sehr herzlich. Dann sprach Hildebrand: „Laß mich vorausreiten. Dreißig Jahre sind vergangen, seit ich meine Frau sah. Meinen Sohn Hadubrand aber sah ich noch nie...."

Als er die Türme der Stadt erblickte, kam ihm ein junger

Recke entgegen. Er ritt an Hildebrand heran und rief:
„Halt, Alter, was suchst Du hier im Amelungenland? Du
solltest Dich lieber zu Hause hinter den warmen Ofen
setzen!" — So reizte er Hildebrand noch eine Weile und ritt
dann gegen ihn an. Ihre Speere zersplitterten. Dann
zogen sie die Schwerter, und in heißem Kampf wehrte sich
der junge Recke sehr tapfer. Endlich schlug Hildebrand ihm
eine Wunde und wollte damit den Streit beenden. Doch
sein Gegner weigerte sich trotzig, ihm seinen Namen zu
nennen. Erst als Hildebrand ihn mit seinen starken Händen
niedergerungen hatte, ließ er seinen Trotz fahren und
sagte: „Ich bin Hadubrand, Frau Ute ist meine Mutter,
meinen Vater Hildebrand sah ich nie." — Da rief der Alte
freudig: „Ist Ute Deine Mutter, so bin ich, Hildebrand,
Dein Vater." — Schnell hob er den Sohn vom Boden. Sie
umarmten sich in großer Freude und eilten dann zu Frau
Ute. Wie jauchzte sie auf vor Glück, wie herzte und umarmte
sie den Mann, den sie schon lange für tot beweint hatte!

Am andern Morgen berief Hadubrand alle Mannen in
die Königshalle und verkündete ihnen, daß Dietrich zurück=
gekehrt sei. Da jubelten sie und begrüßten Hildebrand, und
siebenhundert Mannen zogen aus, um Dietrich entge=
genzureiten, Hildebrand und Hadubrand an ihrer Spitze.
Als sie zu Dietrich kamen, knieten sie vor ihm nieder und
huldigten ihm als ihrem Herrn. — Dietrich blieb aber nur
wenige Tage in Bern. Dann zog er nach Süden, um den
treulosen Sibich zu strafen, der nach Ermenrichs Tod Kaiser
von Rom war. In einer langen und blutigen Schlacht
siegten die Amelungen. Sibich war gefallen, und seine
Mannen ergaben sich. So konnte Dietrich in Rom ein=

ziehen. Alle Ritter im weiten Römerreiche schwuren ihm
Treue, und so blieb er als ein gewaltiger Herrscher in Rom.
Seine Macht war jetzt so groß, daß niemand ihn mehr
anzugreifen wagte.

Lange Jahre noch blieb Hildebrand bei seinem lieben
Herrn. Zuletzt wurde aber auch er krank und schwach.
Dietrich saß traurig an dem Lager seines treuesten Gesellen,
und als er gestorben war, beweinte er ihn sehr. Gar einsam
war Dietrich jetzt in seiner Burg in Rom. Er blieb aber
noch lange Jahre rüstig, trotzdem er schon sehr alt war.

Sein einziges Vergnügen war jetzt die Jagd. Auf einer
solchen Jagd badete er einst in einem Flusse. Da lief ein
Hirsch vorüber, so groß und herrlich, wie er noch nie einen
sah. Rasch sprang er aus dem Wasser, warf sein Gewand
um und rief nach Roß und Hunden. Ehe sie aber zur Stelle
waren, erblickte Dietrich ganz nahe ein großes raben=
schwarzes Roß. Schnell schwang er sich hinauf und jagte
dem Hirsch nach. — In dem gleichen Augenblick kamen die
Knappen mit den Hunden und Dietrichs Pferd. Die Hunde
wollten jedoch dem Rappen nicht folgen. Da schwang sich
Dietrichs treuester Knappe auf das Roß seines Herrn und
jagte ihm nach. Aber er konnte ihn nicht einholen, zu
schnell eilte der Rappe davon. Vergebens suchte Dietrich
ihn zu zügeln. Immer weiter flog das Roß. Bald war es
den Blicken des Knappen entschwunden.

Man wartete Wochen, Monate, Jahre auf seine Rück=
kehr, umsonst, er kam nie wieder. — Sein Name aber wird
ewig unvergessen bleiben.

Tannhäuser

Der Minnesänger **Tannhäuser** saß in einer gar ärmlichen Herberge traurig bei einer Flasche Wein. Er meinte, es sei wohl die letzte, die er in seinem Leben trinken würde; denn er hatte sehr viele Schulden und fürchtete schon, deswegen in den Schuldturm gesteckt zu werden. — Aus seinen trüben Gedanken weckte ihn ein Pochen an der Tür. Er schrak zusammen, denn er fürchtete, der Scherge käme schon, um ihn gefangen zu nehmen.

Wie erleichtert atmete er darum auf, als sein Gönner, der **Herzog Friedrich von Österreich**, eintrat und zu ihm sagte: "Nun, Tannhäuser, hast Du wieder einmal Dein ganzes Geld beim Trinken und Spielen verloren? Ich habe noch einmal Gnade vor Recht ergehen lassen und habe Deine Schulden bezahlt. Verdient hast Du es ja freilich nicht. — Und hier hast Du einen Beutel voll Geld. Kauf Dir davon ein gutes Gewand und komm dann wieder an meinen Hof. Meine Gäste vermissen Deine fröhlichen Lieder und Dein schönes Saitenspiel."

Tannhäuser erschien nun wieder im Kreise der Ritter und Frauen, und er gewann immer mehr die Gunst des Herzogs. Er kämpfte mit ihm in vielen Schlachten, und wenn sie dann zurückkehrten, besang er die kühnen Heldentaten seines Herrn in herrlichen Liedern. Als Lohn erhielt der heitere Sänger viel Geld und ein schönes Gut in der Nähe von Wien.

Indessen verbrauchte er bei seinem Schlemmerleben mehr Geld als er besaß, und als sein Gönner in einer Schlacht

den Tod fand, da war Tannhäuser wieder bettelarm. Er
betrauerte seinen edlen Herrn sehr, und er, der sonst immer
so fröhlich war, sang nun traurige Lieder.

Bald aber wurde er wieder heiter, und arm wie er war,
zog er in die Fremde, von Burg zu Burg, von Stadt zu
Stadt. Oft genug mußte er Hunger leiden, aber an man=
chen Höfen, wo man die Kunst des Gesanges liebte, fand er
gute Aufnahme. Schließlich wanderte er über die Alpen
nach Italien. — In Pavia kehrte er in dem Hause eines
deutschen Ritters ein. Er und seine schöne Tochter ge=
wannen den heiteren Minnesänger lieb. Tannhäuser
dachte nun daran, sich endlich eine Heimat zu gewinnen,
und bat den Ritter um die Hand seiner Tochter **Kunigunde**.
— „Du bist mir ein lieber Gast,“ sprach der Vater, „und
gern würde ich Dir meine Tochter zur Frau geben. Aber
Du hast kein anderes Gut als Deinen Gesang und Dein
Saitenspiel. Davon kann man keine Familie ernähren.
Zieh hinaus in die Welt! Du hast ein Schwert und gar
herrliche Lieder. Damit kannst Du leicht Geld und Gut
gewinnen. Dann komm zurück, und ich gebe Dir und meiner
Tochter die Erlaubnis zur Heirat.“ — Tannhäuser nahm
Abschied von Kunigunde. Er versprach, nach einem Jahre
mit gefülltem Säckel zurückzukehren.

Klingsor und der getreue Eckhard

Tannhäuser war sehr traurig, als er das schöne Mädchen
verließ. Aber als er draußen in Wald und Feld die Vöglein
singen hörte, da jubelte er mit ihnen um die Wette. Doch
seine Lieder brachten ihm kein Geld ein, und darum ver=

ſuchte er es mit dem Schwerte. Er kämpfte erſt in Deutſch=
land und dann in Italien für das Recht der Hohenſtaufen,
und durch ſeine Lieder erheiterte er die Fürſten, die bei den
endloſen Fehden gar oft den Mut und die gute Laune
verloren. Da gewann er viel Geld, und in dem Gedanken
an Kunigunde hielt er es gut zuſammen.

Einſt fand er Herberge in dem Schloß eines Grafen, wo
viele Ritter verſammelt waren. Sein Geſang und ſein
Harfenſpiel gewannen ihm die Gunſt der Gäſte. — Da trat
ſpät am Abend ein Fremdling ein. Er trug ein ſchwarzes
Gewand und begann zum Saitenſpiel ein Lied zu ſingen,
welches ganz geheimnisvoll und ſchauerlich klang. Als er
es beendigt hatte, blieben die Gäſte ſtumm, wie unter dem
Bann eines Gefühls von Schrecken.

Danach ſang Tannhäuſer noch einmal, und alle Gäſte
wurden wieder heiter. Nun griff man zu den Würfeln, und
auch die Sänger ſpielten mit. Tannhäuſer gewann viel
Geld, verlor es aber wieder an den Schwarzen, dazu noch
einen Teil ſeines mühſam erworbenen Schatzes. Am fol=
genden Tage ſetzte er ſeine Wanderung fort. Der Fremde
ſchloß ſich ihm an und begleitete ihn auch in alle Herbergen.
Er ſpielte und trank viel und verführte Tannhäuſer auch
dazu. Der vergaß alle ſeine guten Vorſätze, und es dauerte
nicht lange, da war ſein Beutel wieder leer. „Deswegen
gräme Dich nicht,“ ſprach der Schwarze, „komm mit mir
nach der Wartburg in dem ſchönen Lande Thüringen. Da
hat **Landgraf Hermann** einen Sängerkrieg ausgeſchrieben.
Wenn Du gewinnſt, ſo kannſt Du gar ſchnell Deinen Beutel
wieder füllen. — Ich bin **Klingſor** aus Ungarn, und ich
möchte mit Dir ein Bündnis ſchließen. Gelingt Dir Dein

Spiel, so haft Du wieder genügend Geld, mißlingt es, so
fahren wir zusammen in die Hölle. Du brauchst nicht zu
erschrecken. Die Hölle ist gar nicht so schaurig, wie man das
immer hört. Wir kommen vielmehr in das Reich der holden
Venus. Ihre Freunde genießen bei ihr alles Glück des
Erdenlebens: herrliche Weine, Würfelspiel, Gold und

Silber, so viel Du haben magst. Wenn Du den Sänger=
krieg nicht versuchen willst, so kannst Du auf dem Wege zur
Wartburg auch gleich bei Frau Venus einkehren. Sie
wohnt nämlich im Hörselberg, an dem wir vorüber=
kommen."

Tannhäuser hatte voller Entsetzen die lange Rede ange=
hört. Er wäre gern geflohen, aber je mehr Klingsor ihm

von der Frau Venus erzählte, desto mehr verschwand das Bild Kunigundens aus seiner Seele. So zogen denn die beiden Gesellen über die Alpen und dann durch Bayern und durch Franken. Als sie die Berge von Thüringen sahen, kam ein dritter Wanderer zu ihnen, ein stattlicher Mann in einer Rüstung, mit einem weißen Stab in der Hand. Auf Tannhäusers Frage nach seiner Herkunft sagte er: „Die Leute nennen mich den getreuen **Eckhard**. Ich warne die Wanderer, die hier vorbeikommen, vor dem Venusberg."

Da fing Klingsor schrecklich zu lachen an. Er schritt dann allein weiter nach den Bergen, während Tannhäuser an Eckhards Seite blieb. Er hörte aufmerksam auf die klugen Worte seines Begleiters oder sang fröhliche Lieder und schien sehr froh, daß Klingsor nicht mehr bei ihnen war. — Endlich kamen die Wanderer in das liebliche Tal der Hörsel. Sie erblickten einen unfruchtbaren Berg vor sich. „Das ist der Venusberg," sprach Eckhard, „in dem Frau Venus mit den Verdammten wohnt. Laß uns schnell vorübergehen!"

Frau Venus

Als die beiden Wanderer an den Berg herangekommen waren, erblickten sie in einem Felsen ein weit geöffnetes Tor. Da sahen sie, daß in dem Berge viele Ritter und wunderschöne Frauen beim Spiel und beim Weine zusammen saßen. Am Eingang aber stand eine Frau im königlichen Schmuck, so schön, wie Tannhäuser noch nie in seinem Leben eine gesehen hatte. Die winkte ihm zu, aber Eckhard sprach: „Verschließe Augen und Ohren! Frau

Venus scheint so schön wie ein Engel, aber drinnen im
Berge findest Du die Hölle. Du kannst durch die Macht
Deiner Lieder auf der Wartburg den Sieg gewinnen.
Komm, folge mir!" — Er wollte noch mehr reden, aber die
Königin begann ein Lied von den Wonnen, die den Ein=
tretenden in ihrem Reiche empfingen, so daß dem Ritter
die Sinne schwanden. Er stieß den treuen Warner zur
Seite und eilte zu der Königin. Das Felsentor schloß sich
hinter ihm, und Eckhard ging traurig weiter.

Ritter und Frauen begrüßten Tannhäuser. Sie boten
ihm Wein, und er vergaß in der Wonne der Gegenwart
alles, was er vorher erlebt hatte. Frau Venus zeigte ihm
alle Herrlichkeiten ihres Reiches. Da gab es vieles, womit
man sich die Zeit angenehm vertreiben konnte: herrliche
Bäder und Spiele und Tänze. — Bei Tisch gab es die
seltensten Gerichte und schöne Weine. Beim Essen hörte
man einen unsichtbaren Chor wunderbare Melodien sin=
gen. Wenn er beim Würfelspiel verlor, so wurde sein
Beutel, den er gleich bei seinem Eintritt voll von Gold und
Silber gefunden hatte, niemals leer. Bei den Kampf=
spielen verwundete man sich nicht, wenn man aus dem
Sattel fiel; denn in dem Reich der Venus gab es weder
Tod noch Schmerzen.

Eine Zeitlang fühlte sich Tannhäuser glücklich in der Fülle
der Genüsse. Bald aber wurden ihm die dauernden
Freuden gleichgültiger, ja, er fühlte oft Langeweile an der
Seite der Königin. Er dachte ernstlich darüber nach, woher
das wohl käme, und da fiel es ihm wie Schuppen von den
Augen. — „O Tannhäuser," sprach er zu sich, „wie konntest
Du denken, in Müßiggang und Faulheit Dein Glück zu

finden! Wie recht hatte der gute Eckhard, als er mich vor dem Venusberge warnte! — Glücklich kann man doch nur werden, wenn man mit Fleiß sich bemüht und etwas leistet. Nicht nur bei meinem Leben im Berge, auch schon vorher habe ich viel gesündigt. Ob ich wohl bei einem frommen Priester Vergebung meiner vielen Schuld erlangen könnte?" —

So dachte Tannhäuser bei sich, und er ging zur Königin und bat um Urlaub. Sie weigerte sich anfangs, ihn ziehen zu lassen. Als er aber weiter darum bat, da entließ sie ihn mit den Worten: „Wenn es Dir draußen in der Welt nicht gefällt, so kannst Du gern zu mir zurückkehren."

Tannhäuser zog nun hinaus in die frische Welt, doch war er in Sorge, ob er zu dem richtigen Priester kommen würde, der ihn in seiner Not verstände. — Er ging zu vielen Geistlichen. Sie sagten ihm aber alle: „Ein Mensch, der so großes Unrecht getan hat wie Du, kann nur von dem heiligen Vater in Rom Vergebung seiner Sünden erlangen." — Da pilgerte Tannhäuser denn weiter, immer weiter, bis er nach Rom kam. Er warf sich vor dem Papst auf die Kniee, beichtete alle seine Sünden und bat sehr demütig um Vergebung. Der heilige Vater aber erwiderte sehr schroff: „Du hast mit den Geistern der Hölle einen Bund geschlossen, Du wirst nimmer Gnade finden, so wenig, wie dieser dürre Stecken jemals wieder Blätter und Blüten haben wird." — Damit steckte er seinen Krummstab in den Boden, schritt weiter und ließ Tannhäuser ohne Trost zurück.

„Was soll ich tun?" sprach der unglückselige Tann- häuser, „der höchste Priester Gottes hat mich verworfen, der

Himmel ist mir verschlossen. Es bleibt mir nichts anderes
zu tun übrig, als zu Frau Venus zurückzukehren." Also
verließ er Rom und kehrte den weiten Weg zurück durch
Italien und über die Berge, nur von dem einen Gedanken
beseelt, so bald wie möglich den Berg der Frau Venus
wieder zu erreichen.

Nach einigen Tagen kam der heilige Vater von Rom
wieder an der Stelle vorüber, wo er den Krummstab in den
Boden gesteckt hatte. Wie erstaunte er, als er sah, daß der
dürre Stecken Zweige, Blätter und Blüten getrieben hatte,
wie fühlte er voller Entsetzen, daß er nicht wie ein treuer
Diener Gottes zu Tannhäuser gewesen war! „Gott ist

barmherzig und vergibt dem Sünder ſeine Schuld. Ich
habe nicht in ſeinem und unſeres Heilands Sinn gehan=
delt. Das muß ich ſo ſchnell wie möglich wieder gut
machen.“

Sofort ſandte er Boten nach allen Seiten aus; ſie ſollten
Tannhäuſer melden, daß ſeine Sünden ihm vergeben ſeien.
Es war umſonſt. Tannhäuſer war ſchon in den Venusberg
zurückgekehrt, und niemand ſah ihn wieder.

EXERCISES

1. Describe in German the part played in the story by (a) Hildebrand, (b) Wittig, (c) Heime.

2. Sketch the character of Dietrich as revealed in the story.

3. Study the following incidents carefully and retell them in your own words in German: the rescue of Wittig by Wildeber and Isung; the escapade and death of Dieter, Scharf and Ort; Alphart's reconnaissance and death; the reunion of Hildebrand and Hadubrand.

4. What characters and incidents from the Nibelungenlied appear in the story? Describe them in German.

5. Tell briefly in German the story of Tannhäuser.

Wörterverzeichnis zu Dietrich von Bern und Tannhäuser

[Where only the genitive singular of nouns is indicated, there is no plural form.]

Abend (der), –s, –e evening

Abenteuer (das), –s, — adventure; — bestehen to undergo, pass through adventures

abgleiten (glitt ab, abgeglitten) to slip or glide off

abhalten (hielt ab, abgehalten, er hält ab) to keep back, hold off

ablassen (ließ ab, abgelassen, er läßt ab) to leave off, cease, stop, desist

Abschied (der), –s, –e leave

abschlagen (schlug ab, abgeschlagen, er schlägt ab) to refuse, deny; sever, cut off

absteigen (stieg ab, abgestiegen) to dismount

abwärts down-stream

Ahnfrau (die), —, –en ancestress

allein alone

Alpen (die, pl.) Alps

alt old

ältest (sup. of alt) oldest

Amelungen (die, pl.) Dietrich of Bern calls himself and his companions "Amelungen", as he is descended from the royal family of the "Amaler" Ostrogoths

anfangen (fing an, angefangen, er fängt an) to begin

angehen (ging an, angegangen, er geht an) to concern; das geht nicht an that will not do

angenehm agreeable, pleasant

Angriff (der), –s, –e attack

Angst (die), —, ‟e fear, anxiety

anhören to listen

Ankunft (die), —, ‟e arrival

anlaufen (lief an, angelaufen, er läuft an) to rush against, attack

annehmen (nahm an, angenommen, er nimmt an) to accept

anrennen (rannte an, angerannt) to rush upon

(sich) anschließen (schloß an, angeschlossen) to join, follow, attach oneself to

ansehen (sah an, angesehen, er sieht an) to consider, regard

anstarren to stare (or gaze) at

antworten to answer, reply

Anzahl (die), — number

arg bad, wicked, foul

ärmlich poorly

Armut (die), — poverty

Atem (der), –s breath

aufatmen to draw a deep breath of relief

aufbewahren to preserve

aufhängen to hang up

(sich) aufmachen to start

aufmerksam attentive

Aufnahme (die), —, –n reception

aufnehmen (nahm auf, aufgenommen, er nimmt auf) to receive, admit

aufsässig refractory

aufschreien (schrie auf, aufge=
schrieen) to cry out, scream

aufsetzen to put on

aufspringen (sprang auf, auf=
gesprungen) to jump up

aufsuchen to go in quest of

Auge (das), —s, —n eye

ausblicken (nach) to look out
(for)

(sich) **ausbreiten** to spread

auseinanderlaufen (lief aus=
einander, auseinandergelau=
fen, er läuft auseinander) to
start asunder, separate suddenly

ausführlich fully, in detail

ausgehen (ging aus, ausgegan=
gen) to go out; der Atem geht
aus to be out of breath

ausnutzen to profit by, make
full use of

Ausruf (der), —s, —e exclama-
tion

ausrufen (rief aus, ausgerufen)
to exclaim

ausschreiben (schrieb aus, aus=
geschrieben) to appoint the
day for

aussehen (sah aus, ausgesehen,
er sieht aus) to look, appear

außerdem besides

ausweichen (wich aus, ausge=
wichen) to turn aside

ausziehen (zog aus, ausgezo=
gen) to take off, set out

Bad (das), —es, —er bath

baden to bathe

bald soon

Bann (der), —es spell

Bär (der), —en, —en bear

barmherzig compassionate

Baumstamm (der), —es, —e
trunk of a tree

bedecken to cover

bedrücken to oppress

beenden to finish, end

Befehl (der), —es, —e order,
command

befehlen (befahl, befohlen, er
befiehlt) to order, command

befreien to free, set at liberty

Beginn (der), —es beginning

beginnen (begann, begonnen)
to begin

begrüßen to greet

behalten (behielt, behalten, er
behält) to keep

beichten to confess

beide both

Beistand (der), —es assistance,
help

bekümmern to grieve

belagern to besiege, invest

beleidigen to offend

belohnen to reward

(sich) **bemühen** to strive, en-
deavour

beneiden to envy

beobachten to observe

bereit ready

Berg (der), —es, —e mountain

berühmt famous, celebrated

beseelen to animate, enliven

besiegen to conquer, vanquish

besingen (besang, besungen) to
sing, celebrate in song

(sich) **besinnen** (besann, beson=
nen) to come to oneself
again

besitzen (besaß, besessen) to own,
possess

besonders especially, particu-
larly

besteigen (bestieg, bestiegen) to mount

bestrafen to punish

betrauern to bewail, mourn for

betrügen (betrog, betrogen) to cheat, deceive

bettelarm wholly destitute

Bettler (der), –s, — beggar

Beute (die), — booty

Beutel (der), –s, — purse, money-bag

beweinen to weep for

bewußtlos unconscious, senseless

bezahlen to pay

bezwingen (bezwang, bezwungen) to overcome, conquer

bieten (bot, geboten) to offer

Bild (das), –es, –er picture, image

bisher hitherto

Bitte (die), —, –n request, entreaty

bitten (bat, gebeten) to ask, request

Blatt (das), –es, ⁻er leaf

bleiben (blieb, geblieben) to remain; fest sitzen — to remain fast in the saddle

bleich pallid

Blick (der), –es, –e look, glance

Blume (die), —, –n flower

Blüte (die), —, –n blossom

bluten to bleed

Boden (der), –s, ⁻ or — ground

Boot (das), –es, –e boat

bös or **böse** evil, angry

Bote (der), –n, –n messenger

Botschaft (die), —, –en message, news

brauchen to need, want

Brausen (das), –s roar, raging

breit broad

bringen (brachte, gebracht) to bring

Bruchstück (das), –es, –e fragment

Brücke (die), —, –n bridge

Bruder (der), –s, ⁻ brother

Brust (die), —, ⁻e breast

Bundesgenosse (der), –n, –n ally

Burg (die), —, –en castle

Burgunder (der), –s, ⁻ Burgundian

Busch (der), –es, ⁻e shrub, bush

büßen to make amends for, expiate

Chor (der or das), –es, ⁻e choir

christlich Christian

dabei with that, at the same time

dadurch through this, by this means, thereby

dafür for this, therefore

dagegen sagen to contradict

damit with that, therewith, in order that

danach thereupon

daneben by its side, beside it

danken to thank

dann then, thereupon

darum therefore

dauern to last

dauernd permanent(ly)

davon thereof, therefrom

davonjagen to take to one's heels

davonrasen to rush away, gallop off

davonreiten (ritt davon, davongeritten) to ride off

dazu in addition to that, thereto
Degen (der), -s, — thane, warrior
demütig humble
deshalb therefore, for this reason
dicht dense
Diener (der), -s, — servant
Dienst (der), -es, -e service;
  in — treten to enter into
  someone's service
doch however, but, yet
Donau (die), — Danube
dort there
draußen outside, outdoor
dreinblicken to look (on)
dringen (drang, gedrungen) to
  urge strongly upon, pierce
drinnen inside, indoors
durchaus by all means
durchhauen (hieb durch, durch=
  gehauen or durchhieb, durch=
  hauen) to hew through (in
  two); (sich) — (sep.) cut one's
  way through
durchsuchen to search all over,
  thoroughly
dürfen (durfte, gedurft, er darf)
  to be allowed
dürr dry

Edelstein (der), -es, -e precious stone, jewel
ehe before
eher earlier, sooner
Ehre (die), —, -n honour
ehrlos dishonest, dishonourable
Eifer (der), -s eagerness
eigen own
Eile (die), — hurry
eilen to hasten, hurry
einbringen (brachte ein, einge=
  bracht) to bring in as a profit,
  fetch a price

einfordern to call in, demand
Eingang (der), -es, -̈e entrance
einhauen (hieb ein, eingehauen)
  to hew or cut in two
einholen to catch up
einige some
einkehren to stop at
(sich) einlassen (ließ ein, einge=
  lassen, er läßt ein) to engage in
einst once
Eintritt (der), -s, -e admission
Einwilligung (die), —, -en
  consent
Einwohner (der), -s, — in-
  habitant
Eisenhemd (das), -es, -en coat
  of mail
Eltern (die, pl.) parents
empfangen (empfing, empfan=
  gen, er empfängt) to receive
(sich) emporarbeiten to work
  one's way up
Ende (das), -s, -n end
endlich at last, at length
endlos endless
Engel (der), -s, — angel
entbrennen (entbrannte, ent=
  brannt) to break out
entgegenziehen (zog entgegen,
  entgegengezogen) to go
  (march) to meet
entkommen (entkam, entkom=
  men) to escape
entlassen (entließ, entlassen, er
  entläßt) to dismiss
(sich) entschließen (entschloß,
  entschlossen) to resolve, make
  up one's mind
Entsetzen (das), -s horror,
  fright
entsetzt terrified, amazed
enttäuschen to disappoint

Erbarmen (das), –s mercy, compassion

erbarmend merciful

Erbe (der), –n, –n heir

Erdenleben (das), –s life on earth

(sich) **ereignen** to happen

Erfahrung (die), —, –en experience

erfreut delighted

(sich) **ergeben** (ergab, ergeben, er ergibt) to surrender

ergreifen (ergriff, ergriffen) to move, touch, seize

ergrimmen to get angry or furious, wax wrathful

(sich) **erheben** (erhob, erhoben) to rise

erheitern to exhilarate

erkennen (erkannte, erkannt) to recognise; sich zu — geben to make oneself known

erlangen to obtain

erlauben to permit, allow

Erlaubnis (die), —, –(ss)e permission

erleben to see, to experience

erlegen to kill

erleichtern to relieve

ernähren to nourish, support

ernstlich serious(ly)

erproben to prove

Erscheinung (die), —, –en appearance

erschlagen (erschlug, erschlagen, er erschlägt) to slay

erschrecken (erschrak, erschrocken, er erschrickt) to get frightened

erst only, at first

erstaunen to be astonished

erwachen to awake

erwerben (erwarb, erworben, er erwirbt) to acquire

erwidern to reply

erwürgen to throttle, choke, strangle

erzählen to tell, relate

Essen (das), –s eating, meal, repast

ewig eternal

fahren (fuhr, gefahren, er fährt) to drive, ride; — lassen to leave off, stop; fahrender Sänger wandering minstrel

Fahrt (die), —, –en ride, journey, campaign

falsch false

Familie (die), —, –n family

fangen (fing, gefangen, er fängt) to catch, capture

fast almost, nearly

Faulheit (die), — laziness, slothfulness

Faust (die), — ⸚e fist

Fehde (die), —, –n feud

fehlen to lack, be missing

feige cowardly

Feld (das), –es, –er field; ins freie — onto the open plain

Feldwacht (die), —, –en advanced post, outpost

Fell (das), –es, –e skin, hide

Felsen (der), –s, — rock

Felseninsel (die), —, –n rocky islands

fern far, distant

fertig finished, complete; — bringen to achieve

fesseln to fetter, put in chains, attach

fest solid, strong

Fest (das), –es, –e feast

Feste (die), —, –n stronghold

Festmahl (das), –es, ⸚er banquet
festschnallen to buckle fast
Festung (die), —, –en stronghold, fortress
finden (fand, gefunden) to find
finster gloomy
Flasche (die), —, –n bottle
Fleiß (der), –es zeal, diligence, industry
fliehen (floh, geflohen) to flee
Flucht (die), —, –en flight
Flüchtling (der), –s, –e fugitive
folgen to follow
fordern to demand; zum Zweikampf — to challenge (to a duel)
fortjagen to chase or drive off
fortsetzen to continue
fortweisen (wies fort, fortgewiesen) to send (turn) away
Frage (die), —, –n question
fragen to ask
Franken (das), –s Franconia
Frau (die), —, –en woman; Ritter und –en knights and fair ladies
frei free
freien to woo
freilich it is true, to be sure, certainly
fremd strange
Fremde (die), — place away from home; in der — abroad
Fremdling (der), –s, –e stranger
freudig joyful, cheerful
Freund (der), –es, –e friend
freundlich friendly
Frieden (der), –s, –sverträge peace
frisch fresh
froh, fröhlich merry, joyful, glad(ly)

Fröhlichkeit (die), — merriment
fromm pious
früh early
früher (adv.) formerly
führen to lead; Krieg — to wage war; einen Streich — to deal a blow
Fülle (die), — fulness, abundance
füllen to fill
Funke (der), –n, –n; Funken (der), –ns, — spark
furchtbar terrible
fürchten to fear, be afraid of
Fürst (der), –en, –en prince

Galgen (der), –s, — gallows
Galopp (der), –es gallop
ganz whole
gar right, very, quite
Gast (der), –es, ⸚e guest
Gebiet (das), –es, –e domain
gebieten (gebot, geboten) to govern, rule
Gedanke (der), –ns, –n thought, idea
Gefahr (die), —, –en danger
gefährlich dangerous
gefallen (gefiel, gefallen, er gefällt) to please; es gefällt mir I like
Gefangene (der), –n, –n prisoner
Gefangenschaft (die), — captivity
Gefühl (das), –es, –e feeling
gegenüber opposite
Gegenwart (die), — present time
Gegner (der), –s, — adversary, opponent
geheimnisvoll mysterious
gehen (ging, gegangen) to go

gehorchen to obey
gehören to belong
Geist (der), –es, –er ghost, spirit
Geistliche (der), –n, –n ecclesiastic, priest
gelangen to arrive (at), reach
Geld (das), –es, –er money
Geleit (das), –es, –e escort
Geliebte (die or der), –n, –n beloved one
gelingen (gelang, gelungen) to succeed
geloben to vow
genau exact(ly)
genießen (genoß, genossen) to enjoy, have the benefit (of)
Genosse (der), –n, –n companion, comrade
genug enough, sufficient
Genuß (der), –(ss)es, ¨-(ss)e enjoyment, pleasure
gerade just
geraten (geriet, geraten, er gerät) to fall or come into; in Gefangenschaft — to become a prisoner
Gericht (das), –es, –e dish, viand
gern willing(ly), glad(ly)
Geschichte (die), —, –n history
Geschlecht (das), –es, –er race, family
Geselle (der), –n, –n companion
Gesellschaft (die), —, –en company
Gespräch (das), –es, –e talk, conversation
Gestalt (die), —, –en figure
gewaltig mighty, with great power
Gewand (das), –es, ¨-er garment
gewandt nimble, skilled

gewinnen (gewann, gewonnen) to gain, win
glauben to believe
gleich at once; same
gleichgültig indifferent
gleichkommen (kam gleich, gleichgekommen) to equal, become equal to
glücken to succeed
glücklich happy
Gnade (die), —, –n mercy; — vor Recht ergehen lassen to show mercy instead of strict justice
Gold (das), –es gold
Gönner (der), –s, — patron, protector
Göttin (die), —, –nen goddess
göttlich divine
Graf (der), –en, –en count
Gram (der), –s or –es grief, sorrow, affliction
(sich) grämen to grieve
grauen to have a horror of; mir graut vor I shudder at
Greis (der), –es, –e old man
Griff (der), –es, –e grip, hilt
grimm grim
Größe (die), —, –n greatness
größer (comp. of groß) greater, larger
Grund (der), –es, ¨-e reason
Gunst (die), —, –bezeugungen favour
Gut (das), –es, ¨-er estate
gut good
gütig kind

Hals (der), –es, ¨-e neck
halten (hielt, gehalten, er hält) to think, hold, keep
handeln to act
Harfe (die), —, –n harp

Harfenspiel (das), –s harp-playing

Haupt (das), –es, ⸚er head

heben (hob, gehoben) to raise, lift

Heer (das), –es, –e army

Heerfahrt (die), —, –en expedition

heftig violent(ly)

Heide (die), —, –n heath

Heiland (der), –s, –e Saviour

heilen to heal (up)

heilig holy

Heimat (die), —, –en home

heimlich secret(ly)

Heirat (die), —, –en marriage

heiter serene; merry

Held (der), –en, –en hero

heldenhaft heroical(ly)

Heldenkönig (der), –s, –e hero-king

Heldensang (der), –s, ⸚e epic

Heldentat (die), —, –en heroic deed

Helm (der), –s, –e helmet

Hengst (der), –es, –e stallion

(sich) heranschleichen (schlich heran, herangeschlichen) to steal near (up)

heranwachsen (wuchs heran, herangewachsen, er wächst heran) to grow up

herausschlüpfen to slip out

herbeischaffen (schaffte herbei, herbeigeschafft) to procure, provide

Herberge (die), —, –n inn

hergelaufener Kerl vagabond, adventurer

Herkunft (die), — origin, descent

Herr (der), –n, –en Sir, master, lord

herrlich magnificent

Herrlichkeit (die), —, –en splendour, grandeur

herrschen to rule, reign

Herrscher (der), –s, — ruler

hervorholen to seek out, search for

Herz (das), –ens, –en heart; es wird mir schwer ums — my heart grows heavy within me

Herzog (der), –s, ⸚e duke

heute to-day

Hilfe (die), —, –n help

Himmel (der), –s, — heaven

hinausziehen (zog hinaus, hinausgezogen) to go out, march out

hineingehen (ging hinein, hineingegangen) to go into, enter

hinten behind

Hintergrund (der), –es, ⸚e background

Hinterlist (die), — fraud, cunning

hin und her hither and thither

hinweg away, forth from here, off

Hirsch (der), –es, –e stag

Hitze (die), — heat

hoch high

hochherzig magnanimous

Hof (der), –es, ⸚e court, yard

Höhle (die), —, –n cave

hold lovely

Hölle (die), —, –n hell; in die — fahren to go to hell

hören to hear, listen (to)

huldigen to do homage

Hund (der), –es, –e hound

Hunger (der), –s hunger; — leiden to be hungry

Hunne (der), -n, -n Hun
Hut (die), —, -en charge, guard,
protection
Hütte (die), —, -n hut, hovel

indessen however
Italien (das), -s Italy

jagen to chase
Jahr (das), -es, -e year
Jahrhundert (das), -s, -e century
jauchzen to rejoice
je...desto the (with com-
paratives)
Jubel (der), -s rejoicing, shout
of joy
jubeln to exult, shout with
joy
jung young
Jüngling (der), -s, -e youth

Kaiser (der), -s, — emperor
Kampf (der), -es, ⁝e fight,
battle
kämpfen to fight
Kämpfer (der), -s, — warrior
Kampfspiel (das), -es, -e
tournament
kaufen to buy
kaum hardly
Keller (der), -s, — cellar
Klinge (die), —, -n blade
klingen (klang, geklungen) to
sound
klirren to clash (arms)
klug wise, clever
Knabe (der), -n, -n boy
knabenhaft boyish
Knappe (der), -n, -n shield-
bearer
Knie (das), -s, -e knee

kommen (kam, gekommen) to
come
König (der), -s, -e king
Königin (die), —, -nen queen
königlich royal, kingly
Körperkraft (die), —, ⁝e phy-
sical power
Kraft (die), —, ⁝e strength
kräftig vigorous, strong
Kreis (der), -es, -e circle
Kriegsmann (der), -es, ⁝er
warrior
kristallen of crystal
Krone (die), —, -n crown
Krummstab (der), -es, ⁝e crook,
crosier
kühn bold
Kühnheit (die), — boldness
kummervoll grieved
Kunde (die), —, -n news
Kunst (die), —, ⁝e art
Kunststück (das), -es, -e trick
kurz short(ly)
küssen to kiss

lachen to laugh
Lager (das), -s, — or (dialect)
⁝ resting-place, couch, bed;
camp
lagern to encamp, be en-
camped
Land (das), -es, ⁝er country,
land
Landgraf (der), -en, -en Land-
grave, Count
lang long
Langeweile (die), — weariness
of mind, tediousness, bore-
dom
lassen (ließ, gelassen, er läßt) to
let, make; im Stiche — to
abandon

laufen (lief, gelaufen, er läuft)
to run; jemand über den
Weg — to cross one's path

Laune (die), —, -n mood,
humour, temper; gute —
good humour, good spirits

laut loud

Leben (das), -s, — life

leben to live

leer empty

Lehen (das), -s, — fief; zu —
geben to invest with

Lehnsmann (der), -es, pl. ⁻er
and Lehnsleute liegeman,
feudal tenant

lehren to teach

Leichnam (der), -es, -e corpse

leicht easy

leichtfertig light-hearted

leid (loath); es tut mir — I am
sorry

leise soft, gentle

leisten to give, achieve; Bei=
stand — to lend a helping hand

Leute (die, pl.) people

lieb dear; — gewinnen to grow
or become fond of

lieben to love

Liebesgöttin (die), —, -nen
Venus, goddess of love

lieblich lovely, charming, de-
lightful

Lieblingssitz (der), -es, -e
favourite residence

Lied (das), -es, -er song,
ballad

liegen (lag, gelegen) to lie

links (von) to the left (of)

listig cunning, crafty

Lob (das), -es praise

Lohn (der), -es, ⁻e reward

lösen to ransom

loshauen (hieb los, losgehauen)
to fall upon

losschlagen (schlug los, los=
geschlagen, er schlägt los) to
attack, belabour

losschrauben to screw loose,
unscrew

losstürmen to rush upon

Lust (die), —, ⁻e pleasure, desire

Mädchen (das), -s, — girl,
maiden

manch many a

Mann (der), -es, ⁻er man,
husband; pl. -en, retainer,
vassal; pl. — soldier, man

Markgraf (der), -en, -en Mar-
grave

Mauer (die), —, -n wall

Meer (das), -es, -e sea, ocean

Meermaid (die), — mermaid

mehrere several

Meister (der), -s, — master

Meisterwerk (das), -s, -e
masterpiece

melden to report

Melodie (die), —, -n tune

menschlich human

merken to notice

messen (maß, gemessen, er mißt)
to measure

Minnesänger (der), -s, —
minnesinger (German lyric
poet of the 12th and 13th
centuries)

mißlingen to prove unsuccess-
ful

Mitleid (das), -s pity, compassion

mitnehmen (nahm mit, mitge=
nommen, er nimmt mit) to
take (away) with one

Mittag (der), –s, –e midday, noon

Mittel (das), –s, — means, way

mitten midway; — durch through the middle, in two; — in in the midst of

Mitternacht (die), —, ²e midnight

mitziehen (zog mit, mitgezogen) to travel or move along with

möglich possible

Monat (der), –s, –e month

Mond (der), –es, –e moon

Mord (der), –es, –e murder

Mörder (der), –s, — murderer

Morgen (der), –s, — morning

mühsam laborious, with great difficulty (pains)

Mund (der), –es, ²er mouth

Müßiggang (der), –s idleness

Mut (der), –es courage, mood

nachsehen (sah nach, nachgesehen, er sieht nach) to look after

nächst next

Nachtlager (das), –s, — night's quarters

Nähe (die), —, –n neighbourhood

nahen (sich nähern) to near, approach

namens called, by name

nämlich namely

Nebel (der), –s, — mist

Neffe (der), –n, –n nephew

nehmen (nahm, genommen, er nimmt) to take

neidisch envious

nennen (nannte, genannt) to name, call

neu new

Nichte (die), —, –n niece

niederknieen to kneel down

niederlassen (ließ nieder, niedergelassen, er läßt nieder) to let down

niederringen (rang nieder, niedergerungen) to subdue

niederschlagen (schlug nieder, niedergeschlagen, er schlägt nieder) to beat down

niemand nobody

noch still

Norden (der), –s north

Not (die), —, ²e need, distress

Nüster (die), —, –n nostrils (of horses)

Nutzen (der), –s use, profit; von — sein to be of use

Ofen (der), –s, ² oven; stove

Oheim (der), –s, –e uncle

ohne without

Ohr (das), –es, –en ear

Österreich (das), –s Austria

packen to grasp, seize

Panzer (der), –s, — armour

Papst (der), –es, ²e pope

Pavia Italian town in Lombardy

Pfand (das), –es, ²er pledge, pawn

Pferd (das), –es, –e horse

Pferdestall (der), –es, ²e stable

Pferdezüchter (der), –s, — breeder of horses

pilgern to go on or make a pilgrimage

plötzlich sudden(ly)

Pochen (das), –s knocking

preisen (pries, gepriesen) to praise

Priester (der), –s, — priest

quer across

Rabenschlacht (die), — the battle of Raven (Ravenna, capital of Ostrogoth kingdom in North Italy, 5th and 6th centuries)

rabenschwarz raven-black

Rachsucht (die), — thirst for revenge

rasch quick

rasten to rest

Ratgeber (der), –s, — adviser

rauben to rob

Räuber (der), –s, — robber

recht right, properly

Recht (das), –es, –e right

rechts (von) to the right (of)

rechtzeitig in good time

Recke (der), –n, –n thane, brave warrior

reden to speak, talk

Reich (das), –es, –e realm

reichen to present, reach, give; sich die Hände — to shake hands with one another

Reihe (die), —, –n turn

reiten (ritt, geritten) to ride; geritten kommen to come on horseback

reizen to excite

Retter (der), –s, — rescuer, saviour

Rhein (der), –s Rhine

Riese (der), –n, –n giant

Riesin (die), —, –nen giantess

Ritter (der), –s, — knight

ritterlich chivalrous

römisch Roman

Roß (das), –(ss)es, –(ss)e steed, charger

rot red

Rücken (der), –s, — back; in den — fallen to attack from behind

Ruf (der), –es, –e call

rufen (rief, gerufen) to call

Ruhe (die), — rest

ruhig calm, quiet

Ruhm (der), –es glory

Russe (der), –n, –n Russian

russisch Russian

Rußland, –s Russia

rüsten to prepare, fit out, equip

rüstig vigorous, active, robust

Rüstung (die), —, –en armour

Saal (der), –es, Säle hall

Säckel (der), –s, — purse

Sage (die), —, –n legend

sagen to say, tell

Saitenspiel (das), –s string music

Sänger (der), –s, — singer, minstrel

Sängerkrieg (der), –es, –e bardic contest of the minnesingers at the Wartburg in the 13th century

satteln to saddle

schaffen (schuf, geschaffen) to create, produce; aus der Welt — to remove, get rid of

(sich) **schämen** to be ashamed of

Schande (die), —, –n shame, disgrace

Schar (die), —, –en band, troop

Schärfe (die), —, –n sharpness

Schatz (der), –es, ̈e treasure

schauerlich, schaurig eery

Scheide (die), —, –n sheath

Schein (der), –s, –e shine, light, appearance

ſcheinen (ſchien, geſchienen) to seem, appear

ſchenken to present, give

Scherge (der), –n, –n beadle

ſchicken to send

Schickſal (das), –es, –e fate, destiny

Schild (der), –es, –e shield

Schlachtfeld (das), –es, –er battlefield

ſchlafen (ſchlief, geſchlafen, er ſchläft) to sleep

Schlag (der), –es, ‥e blow, stroke

ſchlagen (ſchlug, geſchlagen, er ſchlägt) to beat, strike; zum Ritter — to create or dub a knight

(ſich) **ſchleichen** (ſchlich, geſchlichen) to steal quietly (along)

Schlemmerleben (das), –s life of gluttony

ſchließen (ſchloß, geſchloſſen) to form; finish, end

ſchließlich finally, at length

ſchlimm evil

Schlummer (der), –s, — slumber

Schmerz (der), –es, –en grief, pain

Schmied (der), –es, –e blacksmith

ſchmieden to forge

Schmuck (der), –(e)s ornament; array

ſchneiden (ſchnitt, geſchnitten) to cut; mitten durch — to cut in two

ſchnell quick, rapid

Schloß (das), –(ſſ)es, ‥(ſſ)er castle

ſchon already

ſchonen to spare

ſchreiten (ſchritt, geſchritten) to stride, step out, leave

ſchroff gruff

Schuld (die), — fault, blame, guilt; — trifft jemand someone is to blame

Schuld (die), —, –en debt; in den –turm ſtecken to put into the debtors' prison

Schuppe (die), —, –n scale

ſchützen to protect, shelter

ſchwach weak

ſchwarz black

ſchweigend silent

ſchwer difficult, heavy, grave

Schwert (das), –es, –er sword

Schwertkampf (der), –es, ‥e hand to hand struggle

Schweſter (die), —, –n sister

ſchwinden (ſchwand, geſchwunden) to become less, dwindle, die away; die Sinne — ihm he loses his senses

(ſich) **ſchwingen** (ſchwang, geſchwungen) to swing oneself, spring; ſich aufs Pferd — to vault into the saddle

ſchwören (ſchwur, geſchworen) to swear

Seele (die), —, –n soul

ſehen (ſah, geſehen, er ſieht) to see

ſeit (prep. dat.) since

Seite (die), —, –n side

ſelten rare, seldom

ſetzen to put

ſicher surely, certainly

Sieg (der), –es, –e victory

ſiegen to conquer, be victorious

Silber (das), –s silver

ſingen (ſang, geſungen) to sing

Sinnbild (das), –es, –er symbol

Sinnenleben (das), –s life of sensuous pleasure

Sitte (die), —, –n custom
sitzen (saß, gesessen) to sit
sogleich at once
Sohn (der), –es, ⸚e son
Sonnenuntergang (der), –es, ⸚e
sunset
sorgen to look after, take care of
spalten to split
später later
Speer (der), –es, –e spear
Spielen (das), –s gambling
Spielmann (der), –s, pl. Spiel-
leute minstrel
Spitze (die), —, –n point; head
Sporn (der), –s, pl. Sporen
spur; dem Pferde die Sporen
geben to set spurs to the horse
spornen to spur
spöttisch mocking
sprechen (sprach, gesprochen, er
spricht) to speak
springen (sprang, gesprungen)
to spring, jump
Sprung (der), –es, ⸚e jump,
bound, leap
Staat (der), –es, –en state
Stab (der), –es, ⸚e staff
Stadt (die), —, ⸚e town, city
Stall (der), –es, ⸚e stable
stark strong
Stärke (die), — strength, force
stattlich stately
staunen to wonder, marvel
Stecken (der), –s, — stick, crook
stehen (stand, gestanden) to stand
stehlen (stahl, gestohlen, er
stiehlt) to steal
Stelle (die), —, –n spot
stoßen (stieß, gestoßen, er stößt)
to push; kick; zur Seite — to
push aside; blutig — to make
bleed

Strafe (die), —, –n punishment
Straße (die), —, –n highroad
streiten (stritt, gestritten) to
quarrel, fight
Streiter (der), –s, — fighter
Streitgewand (das), –es, ⸚er
armour
Strom (der), –es, ⸚e large river
Stück (das), –es, –e piece; in -e
brechen to break to pieces
stumm mute, dumb
Sturm (der), –es, ⸚e storm
Süden (der), –s south
Sünde (die), —, –n sin
Sünder (der), –s, — sinner
sündigen to sin

Tag (der), –es, –e day
Tanz (der), –es, ⸚e dance
Tanzbär (der), –en, –en dancing
bear
tapferste (sup. of tapfer) bravest,
most valiant
Teil (der), –es, –e part
(sich) teilen to separate
Thüringen (das), –s Thuringia
(district in central Germany
traversed by a ridge of wooded
mountains)
tief deep
Tisch (der), –es, –e table
toben to rage
Tochter (die), —, ⸚ daughter
Tod (der), –es, –e or –esfälle
death
Tor (das), –es, –e gate
tot dead
töten to kill
traben to trot
tragen (trug, getragen, er trägt)
to carry, bear, wear
trauern to mourn

traurig sad, sorrowful

(fid) **treffen** (traf, getroffen, er trifft) to meet

treiben (trieb, getrieben) to drive, egg on, put forth

Treue (die), — fidelity, loyalty

Treueid (der), -es, -e oath of allegiance; den — leiften to swear allegiance

treulos faithless, treacherous

Trinfen (das), -s drinking

Troft (der), -es consolation, comfort

Troß (der), -es defiance

troßdem although, nevertheless, in spite of all that

troßig defiant

trüb melancholy, sad, gloomy

Truppe (die), —, -n troop

Tun (das), -s action

Tür (die), —, -en door

Turm (der), -es, ⁼e tower

überall everywhere

überfallen (überfiel, überfallen, er überfällt) to surprise, fall upon suddenly

überleben to survive

Übermacht (die), — superior force

überfeßen (feßte über, übergefeßt) to cross over (in a boat)

überwinden (überwand, über- .. wunden) to overcome

Überzahl (die), —, -en superior numbers

übrig other, remaining, the rest

Ufer (das), -s, — bank

umarmen to embrace

umfaffen (umfaßte, umfaßt) to clasp round

umgeben (umgab, umgeben, er umgibt) to surround

Umherfahren (das), -s riding about

umreiten (umritt, umritten) to ride round

umftimmen to bring round, make change one's mind

umwandeln to change

unbemerft unnoticed, unperceived

unbezwinglich invincible

unfruchtbar barren

Ungarn (das), -s Hungary

ungern unwilling(ly)

ungetreu unfaithful

unglücfelig unhappy, unfortunate

Unheil (das), -s misfortune, calamity

Unrecht (das), -es wrong

unfchuldig innocent

unfichtbar invisible

unter among

unterbrechen (unterbrach, unterbrochen, er unterbricht) to interrupt

unterhalten (unterhielt, unterhalten, er unterhält) to amuse, entertain

Unternehmen (das), -s enterprise

Untreue (die), -- faithlessness

unvergeffen unforgotten

Urlaub (der), -s leave of absence

Urfprung (der), -s, ⁼e origin

Urteil (das), -s, -e judgment

Vater (der), -s, ⁻⁻ father

verbinden (verband, verbunden) to connect

verbrauchen to consume
verbreiten to spread
Verdammte (der or die), –n, –n
 damned or condemned person
verdanken to owe
verderben (verdarb, verdorben,
 er verdirbt) to ruin
verdienen to earn, deserve
verfolgen to pursue
verführen to seduce, lead
 astray
Verführer (der), –s, — tempter
vergebens in vain
Vergebung (die), — pardon, for-
 giveness
vergehen (verging, vergangen)
 to pass
vergessen (vergaß, vergessen, er
 vergißt) to forget
verkommen (verkam, verkommen) to go to ruin
verkünden to announce
verlassen (verließ, verlassen, er
 verläßt) to leave, forsake; sich
 — auf to rely on
verleihen (verlieh, verliehen) to
 lend, give
verlieren (verlor, verloren) to
 lose
vermählen to marry, give in
 marriage
vermissen to miss
(sich) verneigen to bow
vernichten to destroy, demolish
Verräter (der), –s, — traitor
versammeln to gather together
verschieden different
verschließen (verschloß, verschlossen) to shut, close
verschwinden (verschwand, verschwunden) to disappear
versöhnt reconciled

verspotten to mock (at)
Versprechen (das), –s, promise
versprechen (versprach, verspro-
 chen, er verspricht) to promise
(sich) verstecken to hide
versuchen to attempt, try
vertauschen to exchange
vertreiben (vertrieb, vertrieben)
 to drive away; beguile or
 while away
Verwandte (der), –n, –n re-
 lative
verwerfen (verwarf, verworfen,
 er verwirft) to repudiate, dis-
 avow, spurn
verzeihen (verzieh, verziehen, er
 verzeiht) to pardon, forgive
 (einem etwas)
vielmehr rather, on the con-
 trary
Vöglein (das), –s, — little bird
voll full
völlig (vollständig) entirely,
 completely
vor (prep. dat. or acc.) in front
 of; before, ago
voraneilen to run, hasten on
 before
vorausreiten (ritt voraus, vor-
 ausgeritten) to ride on ahead
vorn (adv.) in front
Vorsatz (der), –es, ̈e design,
 purpose, intention

Wacht (die), —, –en guard, watch
Wächter (der), –s, — watch-
 man, guard
wacker valiant
Waffe (die), —, –n weapon, arm
Waffenmeister (der), –s, —
 instructor in arms
wagen to venture, risk

während (conj.) while; (prep. gen.) during

Wald (der), –es, ⸚er wood, forest

Wanderung (die), —, –en travel, wandering

Wanken (das), –s tottering; ins — kommen to reel back

Wappen (das), –s, — coat of arms

warnen to warn

Warner (der), –s, — warner, admonisher

Wasser (das), –s, — water

wecken to awake, waken, rouse

Weg (der), –es, –e way

wegen for, on account of

Weh (das), –s woe, pain

(sich) wehren to defend oneself, resist

Weib (das), –es, –er wife, woman

Weiche (die), —, –n flank (of an animal)

(sich) weigern to refuse

weilen to stay, sojourn

weiß white

weit far; wide, widely spread; — und breit far and wide

weiter further, farther

weiterreiten (ritt weiter, weitergeritten) to go on riding

weither from afar

Welle (die), —, –n wave

Welt (die), —, –en world

werben (warb, geworben, er wirbt) to raise, levy

werden to become

werfen (warf, geworfen, er wirft) to throw

wertvoll precious

Weser (die), — German river that flows past Bremen into the North Sea

Wette (die), —, –n wager; um die — in emulation

widerwillig reluctant(ly)

Wilkine pl. — a people in S. Russia

winken to beckon

wissen (wußte, gewußt, er weiß) to know

Witwe (die), —, –n widow

Woge (die), —, –n wave, billow

woher whence, from where

wohl (adv.) well, (interj.) really?

wohlan! (interj.) come on! well! now then!

Wonne (die), —, –n joy, bliss, ecstasy

Wort (das), –es, –e and ⸚er word

Wucht (die), — violence

Wunde (die), —, –n wound

wunderschön beautiful, exquisite

Wunsch (der), –es, ⸚e wish, desire

Würfel (der), –s, — die; — spielen to play at dice

Würfelspiel (das), –es, –e game at dice, dice-playing

Wut (die), — wrath, fury

wüten to rage, be furious

wütend furious

zahlen to pay

Zauberkunst (die), —, ⸚e magic power

zeigen to show

zerbrechen (zerbrach, zerbrochen, er zerbricht) to break down, come to ruin

zerschneiden (zerschnitt, zerschnitten) to cut in pieces

zersplittern to splinter

zerspringen (zersprang, zersprungen) to break to pieces

zerstören to destroy, demolish

ziehen (zog, gezogen) to go, move; draw

Ziel (das), –es, –e mark, goal

Zinne (die), —, –n battlement

Zins (der), –es, –en tax, tribute

zittern to tremble

Zorn (der), –s anger

zornig angry

Zug (der), –es, ⁻e way, expedition

zügeln to curb, check

zugleich at the same time

zukommen (kam zu, zugekommen) to come to, approach

Zukunft (die), — future

zunähen to sew up or together

zurückkehren to return

zurückweichen (wich zurück, zurückgewichen) to yield, give way

zusammen together

zusammenschlagen (schlug zusammen, zusammengeschlagen, er schlägt zusammen) to close over

zusammenschrecken to start back in alarm

zusammentreffen (traf zusammen, zusammengetroffen, er trifft zusammen) to meet

Zuschauer (der), –s, — spectator

zuschreiten (schritt zu, zugeschritten) to stride or step towards (up to)

zwar it is true, to be sure

Zweig (der), –es, –e branch

Zweikampf (der), –es, ⁻e single combat, duel

Zwerg (der), –es, –e dwarf

zwischen (prep. dat. or acc.) between

For EU product safety concerns, contact us at Calle de José Abascal, 56–1°, 28003 Madrid, Spain or eugpsr@cambridge.org.

www.ingramcontent.com/pod-product-compliance
Ingram Content Group UK Ltd.
Pitfield, Milton Keynes, MK11 3LW, UK
UKHW020312140625
459647UK00018B/1832